漢娜・鄂蘭

李建漳——著

在一個嶄新的世界裡，我們需要一門新的政治學。

（Il faut une science politique nouvelle à un monde tout nouveau.）*

* A. de Tocqueville, *De la démocratie en Amérique*, "Introduction", Garnier-Flammarion, 1981, tome I, p. 62.

導言

◆哲學與政治

每年十一月的第三個星期四，是「世界哲學日」。

聯合國科教文組織（UNESCO）訂立這個日子，賦予了哲學這歷史最悠久的人類知識探索活動嶄新且重大的國際使命：促進不同文化之間的理解，從而學習如何共存，攜手尋求國際社會當前所面臨的各種政治、經濟與環境的共同挑戰。

且看二〇一二年世界哲學日當天，科教文組織總幹事博科娃（Irina Bokova）的發言：

面對錯綜紛雜的當今世界，哲學思考首先需要我們謙卑下來，從自己立場退後一步，參與理性的對話，並針對我們所無法左右的挑戰，共同提出應對的措施……我們遇到的困難愈大，愈需要通過哲學來理解和平與持續發展的問題。

……哲學的多樣化是我們培養兼具包容與寬容的全球公民意識之最大財富。面對無知以及不寬容的泛起，哲學有助於相互理解。

我們會發現，哲學不但被賦予了一個推動世界和平與人類永續發展的重任，也肩負著促進全球公民意識的使命。

哲學之所以能承擔、回應人類共同問題的首要理由，在於作為一種反思活動，以自身想法或錯誤為前提，因此在智識上必須謙卑，再展開與異己的真誠對話。一方面分析、挑戰人類共同未來的重大問題之癥結所在，一方面排除自己的盲點，並確認彼此的看法與價值排序，從而確立可能的出路與選項。

政治（Politics）一詞淵源於古希臘的「城邦」（Polis）概念，對柏拉圖與亞里斯多德等人而言，對政治的探討就是對正義國度的追尋。

現代主權國家的政治發展出比過去更複雜多元的面貌，研究者思考的政治現象涵蓋巨觀的統治原則到微觀的身體規訓，而致力於思索政治「應然面」的政治哲學因此有其急迫性。舉凡新科技帶來的各種倫理議題、全球暖化與貧富差距的加劇、國際間的互動原則以及經濟危機時的互助合作、共同和平的維護與人類尊嚴的捍衛，乃至戰爭期間與之後重建過程的正義，全都涉及了「自由」、「平等」、「正義」等核心概念。

結合了上述兩者的政治哲學，正是對政治的本質與其相關概念的系統探究，關乎自由、平等、民主、主權、權威、正義、意識形態……等等。儘管這世界的現象流變不息，我們還是可以透過掌握政治哲學的基本面貌，掌握一切最根本思考的基礎。

◆政治哲學的翅膀

對亞里斯多德這些古代哲人而言，政治哲學的必要無庸置疑，因為它與人類理性動物的本質以及幸福人生的追求密不可分。

我們如果無法掌握政治哲學的核心概念與論述，恐怕難以清楚把握二十世紀迄今的重大社會變遷，諸如：法西斯政權的崛起、極權體制裡的平庸之惡、冷戰的意識形態對峙、全球青年的造反與叛逆、種族與性別平等的追求、全球化與新自由主義的逆襲、宗教基本教義與極右派勢力的崛起、數位利維坦與監控社會的誕生……等等。在愈趨渾沌的時代裡，我們愈需要政治哲學的洞見。

政治哲學將促進我們表達自身立場和參與國際對話的能力，善盡我們身為國際社會或世界公民社會一分子的責任。更重要的是，政治哲學素養的普遍提升，能夠讓一國之內意見相左甚至對立的公民進行理性的對話、走出對立，且能在清楚各種選項以及價值排序的前提之下，尋求真正的共識或適當的妥協。

本叢書正是在如此背景與期待下誕生，分為兩系列，第一個系列以思想家為主題。意在為讀者開啟一扇門，深入一個思想家的人生與思想歷程，見證一個心靈的偉大，見證一個時代的發展。

第二個系列則以觀念為主題。柏林曾引述德國詩人海涅的話語，指出觀念的威力足以摧毀一個文明，因而用觀念史的眼光、以觀念為軸心，考掘與爬梳政治哲學中的核心概念，考察它在跨時代背景下的發展與影響，得以讓我們掌握哲學漫長的歷史演變、內涵，分析人類共同未來的重大問題之癥結所在。

◆人類真的可以活在一個沒有政治的世界嗎？如果不可能，那什麼才是更好的政治？

無論最終的解答是什麼，我們都需要為自己的想像力安上翅膀，而那雙翅膀就是思想的洞見。

當人們開始想像集體美好的可能，政治的哲思就開始了運作，政治哲學就不再是多餘的頭腦體操，而是一種必要。

一九七一年，在反體制的熱潮裡，約翰．藍儂吟唱出了他的〈想像〉（Imagine），要眾人認真地想像一個沒有宗教、國家、戰爭與私人財產的未來。

雖說我們可能也如藍儂唱的那樣，始終是個「夢想家」（Dreamer），但在清楚各種選項以及價值排序的前提之下，尋求真正的共識或適當的妥協，確是歷來夢想家，也是未來夢想家們鍥而不捨追求的最完美境地。

——獻給更美好的未來。

漢娜・鄂蘭

目次

漢娜・鄂蘭

| 第一章 |

導論

為何我們想認識鄂蘭？

◆具爭議性的不凡女天才

走進誠品書店的影片區，或在博客來網路書店選購商品時，你可能會看到有部電影的簡介如下：

一九六〇年，以色列綁架了納粹劊子手艾希曼，在耶路撒冷展開世紀大審。逃過大屠殺的猶太女思想家漢娜．鄂蘭，決定親臨審判報導。聽著艾希曼的自白，漢娜發現眾人眼中的惡魔，其實只是「依法行政」的平凡人。漢娜壓抑著曾遭迫害的創傷，冷靜刻劃對審判的觀察，不但提出「邪惡的平庸性」，更大膽指出猶太人也是悲劇共犯。文章在《紐約客》刊出後輿論譁然，讓她飽受攻訐與威脅，甚至愛的人也背離她。但她毫不畏懼，持續捍衛思想，終身論述邪惡本質，掀起二十世紀思維狂潮。

這是寫在電影《漢娜．鄂蘭：真理無懼》ＤＶＤ的一段廣告文字，主角的經歷能夠被拍成電影，就足以說明了她並非大眾傳統印象中的哲學家，比如康德。康德的思想儘管無比重要，但把他過得十分規律的一生拍成電影，大概會落得大賠錢的命運。這部電影的存在，彰顯出漢娜．鄂蘭[1]不但是二十世紀重量級的政治思想家，她精采的一生及其對現實時事的投入，更使她的形象有別於傳統哲學家：鄂蘭絕不是象牙塔裡的思想家，她的書也絕不是生硬枯燥、抽象迷離教人有看沒有懂的哲學著作。真正的鄂蘭，是一位極具創造性、也極具爭議性的天才。

電影中的煽動情節，最佳作用就是引發我們自然的好奇心：

她是誰呢？

她的生命故事是什麼呢？

為什麼這樣多人都說，她在二十世紀的思想史上占了一個重要的位置呢？

她在她的書中寫了什麼呢？

政治哲學拉警報！

我們可以說，不管喜不喜歡政治，大家總會同意政治的影響力很大。政治體制的運作與每一個生活於其中的個人息息相關，對政治現象的思考，因而構成了人類文化的重要內涵。人類思考自己與他人如何共同生活，這樣的思想結晶就是「政治哲學」這門學科，它是人類反省，掌握及建構自我命運的一種表現方式。

然而二十世紀以來，政治哲學遭遇了連串危機，我們不妨分成三個面向來說明：

首先，政治哲學的危機來自當代哲學家對西方哲學傳統的攻擊，許多哲學家自我反省後都對西方的思想傳統作出嚴厲的批判，在此，政治哲學作為哲學的一個旁支，也遭遇了被批評的命運。

其次，有兩次世界大戰及納粹集中營的悲慘回憶，許多歐洲知識分子因此認為西方政治哲學傳統要負起相當的責任，有些人批判西方思想太過「理性主義」，有些人則是指責政治哲學總是與現實經驗相脫節，這些種種的弱點及缺陷導致了對人的尊重成了空話。

最後，政治哲學隨之遭到來自科學主義及實證主義的否定。我們知道自然科學對所有現象都有一種固定的解釋方式，許多自然科學家會認為，「社會科學」根本算不上一種「科學」，某些科學理論如實證主義就會說：無法量化及無法觀察實驗的學科和學說都是「不科學」的主觀個人意見而已，研究者只應找尋人類行為的通則並建立種種可以觀察的命題，政治哲學純粹是空談，它應該變成博物館裡的歷史陳蹟。

在這樣的大環境下，鄂蘭試圖在她的著作中回應這個大時代對政治思想的三重挑戰。我們也可以分成底下三個面向來說明這位傑出女性的重要性。

勇於批評舊傳統並重構新理論

作為一個流亡美國的猶太知識分子，鄂蘭承續了當代思想哲學自我批判的道路，試圖不依循任何既定的學說立場，要在一個新的理論基礎上重建政治思想，也就是說，鄂蘭一方面同意當代思想對政治哲學的批判。這是為什麼她總是拒絕「哲學家」的標籤，她甚至不滿意別人認為她所從事的是一種「政治哲學」。然而在另一方面，鄂蘭卻想重建另一種不同於主流傳統的政治理論。如此一來，鄂蘭既批判西方政治哲學大傳統，卻又想重建另一種新的政治理論。

這樣的矛盾結合讓人不禁想問：為何鄂蘭會嚴厲地批評西方的政治哲學傳統？她的理由何在？她憑何宣稱其思想不再是一種傳統「政治哲學」的翻版？她的政治思想與過去的政治哲學有何不同？鄂蘭的嘗試成功了嗎？真的有一種更好且更進步的「非政治哲學式的政治理論」嗎？

這是鄂蘭思想的原創性所在，也是為何這些著作成為當代政治理論的經典文本的理由所在，更是為何我們想要閱讀鄂蘭的原因。

探討極權主義的起源

鄂蘭的第一部著作《極權主義的起源》不但立刻引起深刻的回響，成為此議題的重要參考指標，也是讓鄂蘭聲名鵲起、立足美國的代表作之一。猶太人出身的鄂蘭經歷過兩次世界大戰，當時支持猶太復國主義的她，招致蓋世太保的拘捕，不得不選擇流亡法國及美國。曾經親身遭受過納粹對人類身體、思想、自由之迫害及摧毀的鄂蘭，是最有資格來從事這等工作的思想家，唯有她才能夠深刻地反省、分析極權主義這種史無前例的政治經驗。

這本書代表了她對集中營裡頭極端經驗和納粹政治實驗的深刻反省，帶著鄂蘭去思考：在一個後於極權主義的時代及世界中，政治意謂著什麼？也就是說，如果納粹代表了西方傳統無力、無能的黑暗面，在「傳統」不再有效的新時代中，我們如何重建人的實踐生活？

更具體來講，極權主義的分析讓鄂蘭走向其著作的一個中心主軸：在「後極權主義」的時代中，政治行動如何化為可能？政治行動意謂著什麼？人類的「自由」與「政治」處在一個什麼樣的關係？到底是「政治」不在了，自由才會出現？還是只有真正的「政治」才會保障「自由」？

鄂蘭的重要性正在於，她的這些提問，是任何一位二十一世紀的世界公民所需要了解及思考的，是我們這個時代給政治思想留下的「大哉問」。或許有些人不同意鄂蘭的回答，但很少人能夠否認，她所提出的問題正是我們共同所必須面對的問題。而不管我們同不同意她的理論，站在鄂蘭這位巨人的身上，我們可以看得更遠。

什麼是真正有意義的政治行動？

最後，鄂蘭試圖建立的政治思想也回應了自然科學及社會科學對人文領域的挑戰，嘗試說明什麼是真正有意義的「政治行動」。

鄂蘭認為自然及社會科學都無法正確地理解人的實踐活動，不管是自然科學試圖用數理統計的方式，或者是社會科學尋求人類行為之通則的做法，都完全誤解了實踐活動的真正意義。這位思想家還略帶挑釁地說，真正的人類行動所展現，是一種「奇蹟」。

然而是什麼樣的「奇蹟」呢？為什麼政治行動是一種奇蹟呢？

這些種種的理由讓我們可以安心地說，任何想要了解西方政治哲學在當代的發展，不管是擁護或反對鄂蘭的人都會同意，她的著作與觀點已屬於「必讀」與「必知」的等級。

◆回頭向古典學習：西方「最初」的政治經驗

跟隨鄂蘭重返古希臘羅馬的公共廣場

對年輕朋友及當代讀者，還有眾多不在人文社會科學領域的學子來說，閱讀鄂蘭會遇到相當的困難。鄂蘭的文筆雖帶有女性的細膩，兼有相當的可讀性，並不忘從具體的歷史事件來發展她的思想，避免了傳統哲學著作抽象枯燥、無法與生活時事相連的缺點，不過，鄂蘭的思想建立在古希臘及羅馬的古典思想上，試圖重新恢復政治「最初」的意義，因此許多當代的政治經驗或大部分我們熟知的「政治」都被鄂蘭歸類為「不」應屬於政治的範疇之中。也就是說，她所理解的政治，主要奠基在柏拉圖及亞里斯多德之前的古希臘城邦政治經驗，那是一個與現在我們所理解的西方國家截然不同的世界：我們生活在高科技天地，有方便的捷運與高鐵，到處可見高樓大廈，加上無所不在的Wifi，我們看到的是邊走路邊滑i-phone的年輕人，因此很難一下子回到二千年前的西方社會。遑論去想像希臘城邦中，一個公民的家中有著合法的奴隸，蘇格拉底正在公共廣場上與人相爭論，而另一頭則有一群穿著寬鬆長袍的男性公民聚集在一起討論城邦事務。這樣的雅典民主制度，甚至羅馬共和或其元老院制度，還有美國建國時期開國諸父的政治故事，這些所有對鄂蘭而言西方歷史上具決定性的政治經驗，都離我們現在的台灣社會很遠、很遠。

對台灣的讀者而言，至少在剛開始閱讀鄂蘭時會有相當不熟悉、無法與自己生活經驗相連結的困難，但只要我們多些耐心，就可以發現另一番深具理想性及啟發性的政治定義。每個人雖各不相同，但我們也無法否認，人類的許多經驗具有共通性及普遍性，「西方」與「東方」，或者「現代」與「古代」的範疇，並非絕對無法跨越的門檻；我們可以和古人做朋友，也可以與一個外國朋友相談甚歡。哲學與文學著作的一個特點，就是它們具有跨時空的價值與感染力，一則很久、很久以前，發生在很遠、很遠地方的愛情故事，依然可以讓二十一世紀的我們感動落淚。這本小書的目的，就是帶領讀者進入鄂蘭的生命故事，跟著她一起想像，二千年前的希臘羅馬生活為何對我們來說仍然重要。

政治作為鄂蘭思想的核心概念

「政治」無疑是鄂蘭政治思想中最核心的概念，本書的目的、寫作策略以及章節安排，皆是為了帶領讀者逐步地掌握鄂蘭所提倡的「政治」是什麼，並理解在這種「政治」的新定義下，看鄂蘭如何重新詮釋其他傳統的重要概念，如「自由」、「權力」或「權威」等等。筆者在本書的開頭，引用了同屬「公民共和主義」的法國政治哲學家托克維爾的一句話。我認為它總結了鄂蘭的企圖，能夠帶領我們了解鄂蘭思想的獨特性，他說：「在一個新世界中，我們需要一門新的政治學。」

本書的架構就是建立在對上頭這句話的詮釋上，將此句分解成兩個部分，試著首先回答：為什麼對鄂蘭而言，現在是一個「新時代」或「新世界」？

這道問題也自然又必然地帶出了另一道問題：「舊時代」是什麼？它的特徵為何？

接下來則是：一門怎樣的「新的政治學」？它的「新」到底指的是什麼？

依循這樣的思考方向，本書的安排大致如下：

第一部分：一—三章

在包含前三章的第一部分中，我們處理的是鄂蘭如何分析及批評「舊時代」和「舊世界」。這部分的重點在於理解為何對鄂蘭而言，過去的現實與思想所提供的遺產都無法讓我們掌握真正意義下的政治；換言之，此部分等同了解對鄂蘭而言，「政治不是什麼？」及其理由所在。

具體來說，鄂蘭認為「舊時代」的象徵，是極權主義的政治經驗與西方「政治哲學」的大傳統；至於另一項為鄂蘭所批評的「舊世界」表徵，就是將政治所生發的「公」領域跟「私」領域、「社會經濟」領域相混淆的慣習及思考模式。

首先，鄂蘭認為，極權主義的出現證明了西方主流思想傳統的無力及無能，也讓我們與傳統處在一個斷裂的關係中，故此介紹她對納粹經驗的看法與分析將是第二章的主要任務。第二章的討論重點放在：「舊」亦可以被理解是「從柏拉圖到馬克思的西方政治哲學大傳統」，鄂蘭對它持相當批判的態度，認為它充滿了種種缺陷及錯誤的預設，我們將會同步說明鄂蘭在此的立場及其理由。

第三章介紹的是鄂蘭的公領域觀念。鄂蘭認為，私領域及社經問題縱然重要，但它們皆不是政治，因為政治只出現於特定的空間，即鄂蘭定義下的公領域；她因此指陳出現代思想中將「公」領域和「私」領域及「社會」領域相混淆的致命錯誤：只要我們持續地將經濟問題或社會問題視為政治事務的核心，或將國家比喻成一個大家庭、政治當作一種擴大型的家戶管理，種種從私領域而來的想像會讓我們繼續陷在舊世界的舊政治學之中。

第二部分：四－十章

第四章到第十章中將詳細地說明「新的政治學」的實質內容，此部分的重點在於進一步理解真正意義下的「政治」對鄂蘭而言指的是什麼。筆者將逐步地介紹「政治」、「行動」、「自由」、「權威」、

「權力」、「判斷」等觀念的具體內涵。我們將開宗說明鄂蘭本身對「政治」的界定，並以「基於溝通與說服的個人彰顯」來概括此一獨特的政治定義，而要完全掌握箇中深義，我們有必要了解「公民共和主義」這個思想典範，畢竟鄂蘭已被咸認為公民共和主義在當代的重要旗手，這將是第四章和第五章的目的。

在第六章和及第七章，我們會介紹鄂蘭對人類實踐生活的分析，也就是她著名的「勞動（labor）－製造（work）－行動（action）」的三分法，尤其第七章將詳盡地說明鄂蘭對「政治行動」的詮釋，這被她認定為人類最高的能力、將「奇蹟」帶入人世的一種展現。

之後的第八章和第九章裡頭，將闡述關於政治的三個重要觀點，即「自由」、「權力」、「權威」。

最後的第十章，則要介紹鄂蘭眼中最具政治性的人類能力，即「判斷」，同時討論將她捲入一場大風暴的《在耶路撒冷的艾希曼》（編注：《平凡的邪惡：艾希曼耶路撒冷大審紀實》一書的原文書名直譯，便是《在耶路撒冷的艾希曼》），說明鄂蘭極具爭議的「惡的平庸性」命題，藉此帶入其晚期的一個主要關懷，即「思想」及人類的「判斷能力」的分析。❷

◆實例釋明鄂蘭對「政治」的分野

想進入更具體的討論，我覺得最好的方式之一便是先敘明鄂蘭對政治的定義。我們倘可扎下個**基本**概念，閱讀後面章節時就能更深入去體會這個政治定義的獨特性。

首先我們得掌握到，鄂蘭的關懷乃根植於**重建政治的「獨立性」**（autonomy），她的理論最重要也最引人議論的就是「公領域」與「私領域」的分別，及其相隨而來對「社會領域」的批判。對她而言，政治既非「私」領域亦非「社會」領域，政治不能為私領域及社會領域服務，**政治只出現於她所定義下的公領域，而不會在其他種的空間中出**

現，如社會經濟領域，所以一般熟知及日常生活中的社會經濟議題俱被鄂蘭劃歸在「非政治」範疇；其次，政治獨立性意指政治只服從自己的內部規則，它不需奠基在任何形上學體系或宗教性的最高原則。與另一位法國思想家傅柯相比，儘管兩方都對國家機器懷有高度不信任感，但傅柯想強調的是「權力不集中在國家」，既然權力無所不在，政治自也跟著無所不在。鄂蘭恰恰與傅柯式的現實主義相反，她試圖要明確界定政治，同時賦予它一個高度理想性的意涵。

鄂蘭定義的政治可以用幾個關鍵詞來理解：「自由」、「行動」、「多元性」、「公共空間」、「平等個體」、「開端啟新」、「協力合作」、「溝通、說服、審議」、「以言行彰顯自我」。雖然鄂蘭對政治沒有一個總結性的定義，如卡爾．施密特的「政治是區分敵我」，但她對政治的界定相當明確，我們可以簡化地以三點來說明：

第一、鄂蘭認為政治奠基於人類「多元性」這樣的本體論基礎上，政治必須尊重、表現而非抹殺「人與人之間具有差異性」這樣的事實。

第二、政治只出現於不同個體聚集在一起，創造一個「公共空間」時，在其中人以「平等」的身分對待具有多元差異的個體。公共領域中的人們，以「平等」且「不同」的身分被看見、被聽見，是鄂蘭政治界定中極為關鍵的元素。

第三、政治的「目的」等同政治行動的展現，而「行動」指的是以「言行」表現自我的秀異及獨特性，並在溝通、審議和說服他人的基礎上追求實現某種的「通力合作」。這種由「行動者」間協力合作所展現的就叫作「權力」，為這個世界帶來了新的事物，將某種「開端」重新帶到世上，它就是一種「自由」，是政治終極的意義所在。

跟隨這種定義，我們很容易可以理解政治對鄂蘭來說毋寧是偶發、稀少，隨時需要創造，也隨時可能消失的人類現象。當代讀者將會十分訝異地發現鄂蘭反對「政治是一種無法避免的必要性，而且它永遠在各處出現」的主張，因為「政治完全沒有任何的必然性。真正的政治是如此罕見，又在如此少的地方存在，以至於從一種歷史的角度而言，只有幾個偉大的時代曾經經歷過及實現它」（QP,79）。

換言之，讀者所先要習慣的是，**我們慣用的「政治」這個字，其指涉的種種現象對鄂蘭而言都不算真正的政治**。從她的觀點來看，政治並非統治現象、官僚行政、政黨選舉、利益協商、社會經濟事務的管理、各國家之間的衝突與合作等等；這些我們熟知且習以為常的政治現象，完全被鄂蘭排除在政治界定之外，並加以嚴厲地批評。相反地，某些我們通常不認為是政治現象的經驗，卻有可能被鄂蘭認為是絕佳的政治實踐。為了克服這種理解上的困難，我們不妨舉個例子來說明鄂蘭定義的獨特性（它真實地存在，但我們也加以改造），即「真垃圾食物餐廳」的例子。[3]

真垃圾食物餐廳的誕生

讓我們想像，在不知名的某一天，台灣島內有群來自不同領域的人們，十分不滿意當代的飲食文化及浪費食物的習慣。他們**觀察到**超級市場把大量雖已過期但還仍可吃的食物丟棄，卻有許多人完全無能力吃飽或提供自己健康均衡的飲食，於是這群人便聚集起來討論如何因應**以及能夠做什麼？**

因為他們有信心能夠藉由自己的力量改變世界，也有信念認為人的生命不單只為「餬口」，人可以，也應該追求超出「求溫飽」及「個人舒適」的更高一層生命境界，於是他們決定起而行，做一些具體的事情來改變這一切。他們定時聚在一起進行熱烈的討論，幾乎所有人都同意：不管私底下各自從事什麼職業或賺多少錢，在這裡，每一個人都是平等的，既沒有專家也不能強迫另一個人點頭贊同；人人皆可以自由地表達自己的意志，自由地講述自己的生命故事或生命經驗，互相了解彼此對此議題的看法、解決之道等等。

最後，這群人決定在某城市開一家單以回收食物為基礎的餐廳。在這裡，每道菜都來自再利用或被大企業不當浪費的食材，所販售的食物沒有固定的價錢，享用者可自由地依自己的能力及滿足程度決定這一餐值多少錢。真垃圾食物餐廳的創辦人們，相信自己藉由這種新式餐廳和各種創造性的規則，為當代世界帶來了一種新的可能性。

真垃圾食物餐廳的政治元素

真垃圾食物餐廳這個具體例子，很可能被歸作社會運動或社會現象，或只具有某些政治元素的現象，惟在鄂蘭的觀點中，它有可能成為最具政治性的展現。換言之，這種一般西方國家稱之為「社會創新」（social innovation）的現象，被鄂蘭視為最具政治性的人類行動展現，因為它包涵了種種鄂蘭政治的基本元素，如：公私之別（政治只出現於個體願意從私領域走向與他人共享的公領域）、平等對待（在一個真正的政治空間中，無人有較高或較低的地位，不論私人身分及職業為何，在公領域中每一個人的意見都同等重要）、溝通討論（大家一起以言語商議出一個最好的可能性）、說服他人（每個人都相信其觀點有無可取代的重要性）、個性彰顯（每個人的真我就展現在他或她所陳述的意見與生命故事之中）、追求改變（我們不僅是被動地承受，而可以主動地創造）、具體行動（將從個人的不滿轉化成一種集體行動）……等等。

其實我們已然能夠看到鄂蘭對政治定義的貢獻與侷限，有學者因此認為鄂蘭替政治下了一個「過廣」又「過窄」的定義。也就是說，鄂蘭可以把這樣的政治定義運用在「革命」及「議會制」的協商上，這些都是我們習慣地認為是政治的現象，但這樣的定義也不可否認地排除了許多基於權力或具有強迫性的政治現象，同時將許多我們不認為是政治性的現象劃歸成真正政治行動的展現。

初步地了解鄂蘭的政治定義後，我們接著將在下一章看到，納粹式的極權主義是如何完全扼殺這樣政治的可能性。

| 第二章 |

政治的異化

鄂蘭對「極權主義」與「政治哲學」的批判

◆《極權主義的起源》在寫什麼？

《極權主義的起源》是鄂蘭成名的代表作，她在此書開頭強調極權主義的「新」及「史無前例」性：

一、極權主義是一種新的政體，它不同於從前任何政府形式，往昔政治哲學的各種學說都無法賦予解釋。它的出現，使得過去種種的道德判斷基準已不再適用。

二、在宣稱遵守歷史運行法則的藉口下，極權主義伸張一個由意識型態所導向的終極目的乃人類的最高目標，進而發動了連串政治運動，且認為它們不受任何法律與道德所約束。

三、受這樣的狀況驅動，此前被視為「須受譴責」的行為均可獲允許，甚至成為一種必須性，例如：對猶太人的屠殺。所有對人權的侵害，於焉被解釋成合乎歷史理性的行動。

也因如此，在鄂蘭眼中，當代人處於某個獨特的時間點上，我們「處在過去及未來之間」，而「如何建構一個『後極權』時代的政治理想」，亦成了解釋極權主義後的必然工作。我們或可這麼說：對極權主義「**本身**」的研究並不是鄂蘭的主要關懷，她無意變成一個與「極權主義」畫等號的「**專家**」，鄂蘭的關懷及企圖其實更宏大，她最關心的是「人類如何理解並最終能夠解決由極權政體所暴露出來的問題」。所以，「如何在一個『後極權』時代重新找回政治行動的可能性」，方才是鄂蘭書寫的核心意識。

再來需要注意，鄂蘭認為自己在解釋的，是極權主義的「起源」，而非嚴格因果關係下的「原因」。換句話說，她重在指出這種政治實驗登場背後的種種「元素」，還有這些元素如何在特定的歷史時空環境中「結晶」，促成極權主義得以實現。換言之，《極權主義的起源》這本書，正是解釋：在德國納粹主義及蘇聯史達林主義兩邊的特定歷史條件下，西方現代性中的種種「要素」與「根源」，如何轉化為極權主義。

這些「元素」有「反猶主義」、「帝國主義」、「民族國家的困境及衰落」、「種族主義」、「資本主義的資本累積問題」……等等。

此書的構成分作三大部分，從三個面向來解釋極權主義這種人類史無前例的政治現象：

第一種論述——「反猶主義」　介紹十九世紀西歐反猶主義的興起，以一種社會心理總體視角的分析，帶出猶太民族獨特的政治地位。像是他們雖有錢，但因喪失了政治權力而無法自保，諸如此類的角度，說明為何猶太人會成為納粹攻擊的對象。

第二種論述——「帝國主義」　分析自一八八四年到第一次世界大戰這段期間，歐洲帝國主義再興、殖民運動熱烈的條件。

第三種論述——「極權主義」　鄂蘭將她對極權主義的概念，限定在一九三〇年至一九五〇年史達林的恐怖統治時期，以及一九三八年至一九四五年希特勒於歐洲的崛起，乃欲藉此來闡明極權主義以「運動」及「意識型態」為主的政府組織運作形式。

接下來，就讓我們依序照著前述三個面向，了解貫串這部經典大作的主要觀點。

反猶主義：猶太民族的獨特命運

鄂蘭指出，從歷史性角度而言，列國加強軍備急需金錢及貸款的背景下，造就許多猶太人金融掮客的地位。

無國籍的猶太人習於在各國間穿梭，解決近現代國家新建之初所帶來的金融問題，民族國家對猶太人提供的服務需求愈來愈大，猶太人政經方面的重要性也因此不斷上升。然而特殊的是，在這些歐洲國家中，猶太人自己往往並不構成一個階級，也不屬於任何特定的階級。作為一個團體或民族，他們不是工人、不是中產階級，既非地主也非農民，是受到國家特別保護的族群，這讓他們成為一種沒有政治權力的特權階級。猶太人的獨特性，除了來自於民族國家有意地將猶太人當成一個特殊團體予以保留，不希望他們與其他社會階級同化，也來自於猶太人有意透過與他族區隔以達到族群永存。這就是鄂蘭所說的關於猶太人之「平等與特權」的矛盾，即猶太人雖隸屬於某個特定社會，卻同時被它排除在外。

此外，作為無國籍者，猶太人缺乏政治意識以及參與政治事務的能力，這造成猶太人政治上格外冷感和被動。鄂蘭指出第二個與此相關的猶太民族特殊性乃是：猶太人是唯一一個「沒有國家」的歐洲「民族」。到了十九世紀，由於民族主義的興起，現代國家紛將自己建立成「民族國家」，使用「一個民族，一個國家」的政治語言，而猶太人這樣「無國家」的特殊性使之成為歐洲各國歧視及迫害的對象，因為只要把猶太人當代罪羔羊，便很容易煽起民粹、轉移政治焦點，例如歷史上不斷出現一種典型現象：當政客要宣洩人民不滿時，就會製造出「是猶太人搶走我們的工作機會」等等的藉口來操縱人民。此種操作方法的極致表現即是納粹的極權主義。

猶太人這樣特殊的民族性與政治性，遂讓戰間期的德國納粹發動以歧視猶太人為基礎的意識型態及政治運動，製造「猶太人企圖統治全世界」、「打造新人類必須消除人類低等存有形式之猶太人」等等謠言。正由於猶太人是個沒有國家的民族，他們無法組成具有行動力的政治單位，已缺乏團結集體行動的可能性，所以這種政治地位的喪失及政治行動力的不可能，便導致了猶太人大規模遭到屠殺的殘酷後果。

帝國主義興起的歷史環境

在這個部分，鄂蘭以歷史回顧的角度，分析道現代化進程中資本主義發展帶來了生產工具的進步及生產過程的分工化，它們使得資本累積的速度加快，並逐漸集中在少數的資產階級手中。於此同時，各個民族國家的國內經濟體制亦逐漸不堪負荷，須轉往國外尋求勞工及經濟原料，以經濟腹地的擴張來解決國內資本累積所帶來的矛盾，如：國內市場的飽和，原物料的缺乏，過剩的資本及人力急需再利用等等。這就是海外殖民主國及西方帝國主義形成的背景。

換言之，在資本主義及資產階級的發展下，永不停止的「生產與消費」成為人類社會的主要推動力，經濟上的「擴張」變成了政治的終極目標，私人及特定階級的經濟目的成為了政治運作的唯一目的。

隨著這般進程，不但民族國家的界線開始鬆動，殖民母國在面對弱勢的殖民地人民時也開始形成一種「種族優劣」的觀念。這樣的思想更回過頭來成為殖民統治者的治理工具，即以一種對待殖民地人民的態度來對待國外的少數民族。在實際運作上，殖民地的統治方式並不是基於普遍性的法律，而是以各種不同的政令來遂行「官僚統治」，最重要者不是法律之前的人人平等，而是保護母國利益。這就是帝國主義與殖民主義的結合。

此部分的最後一章〈民族國家的式微與人權的終結〉內文裡，鄂蘭對人權理想的理論基礎與其實際運作提出了強烈的批判。西方所驕傲的啟蒙理想，以及對人和人權的重視，在鄂蘭眼中有著莫大的爭議，例如：人性所指向的「抽象化的人」，意即人權的概念雖於理念上被無條件地肯定，但在實際世界中，一個即使宣稱尊重人權的國家仍會囿於眾多因素而差別對待個別公民或族群。例如：我們都相信國家中每個公民都應被平等地對待，但事實上政府在對待富可敵國的大資本家跟身無半文的市井小民的態度卻是不同的，平等理想與差別對待的事實常常形成強烈的對比。也因此這種過於理想、空想的方式無法在現實上得到保證，到底任何的人都是特定文化及歷史的載體，無不出生長大於一個特定的政治社群，更重要的是，單一的個體也無法形成有力的政治團體以保護自己的權利。

在實際運作上，普遍人權的理想通常很難徹底實現，因為西方國家無法處理數目龐大的「無國籍人民」（stateless people），常以歧視態度面對處於社會邊緣的賤民（pariah）。西方國家受利益的驅使，也無法以人權的角度對待其他弱小民族，在種族主義的詞語主導下，我們看到的不是對每一個個體的尊重，而是母國代表著高級人類、殖民地代表著低等人類的高下之分，這突顯出「人權」僅是一種政治詞彙，充滿了空泛性和抽象性。

極權主義的意識型態

鄂蘭認為極權主義（totalitarianism）正如其字根所顯示的，意指一種「全體主義」，也就是一種「全面控制」的統治方式。國家的公權力無所不在，這樣的政治形式企圖將多元化及具有個別差異的人們組織成一個個單一化的個體，而全面控制之所以能夠達成如此目標，乃是透過兩種途徑：一種是統治者將某種「意識型態」強加於群眾；另一種是建立集中營，以最直接地對身體的控制和消滅，來達到「打造新人類」的神話。

鄂蘭在此強調了「意識型態」的重要性。關於意識型態（ideology），就其字根所顯示的，是將某種主導性的「理念」或「意見」（idea），組織成複雜但前後一致的「邏輯」（logic），它儼如一種「世界觀」，某種「觀看」世界的「視角」或「觀點」，而個人所看到的「現實」，是被這套意識型態所選擇及詮釋下的現象。在此，並不存在著純粹的「物理現實」或「社會真實性」，也沒有中立的現象，所有可見的一切，俱被意識型態呈現成具有特定意義的現象，就好像戴上了綠色的眼鏡之後，我們看到所有事物都是綠色。

各種的意識型態都宣稱自己有「科學性」，是唯一符合「科學本質」的解釋。在極端的例子中，人們會變得像被操控的木偶，沒有、也不應該有自己的想法，一切都聽從政治宣傳，全心全意地信仰及運用意識型態的教條，去解釋看到、聽到的一切。我們常說，這是一種「洗腦」，而在納粹的例子正是如此：「宣傳」（propaganda）與「灌輸」（indoctrination）取代了每個人的判斷能力。

納粹以不證自明的「亞利安人是最優秀的人類」及「猶太人企圖征服全世界」等前提，對人類及歷史作特定的解釋，認為人之歷史意義最終在於實現某種終極目的，這表現在消滅低等的猶太民族，讓亞利安民族統治世界一事上。藉由恐怖統治及秘密警察的運作，「虛構」變成了「實在」：意識型態所構築的虛構世界，變成每一個人日常生活的「現實」。蘇聯的「階級鬥爭」意識型態及歷史法則也是如此。

意識型態的另一個特性，就是它的重點不在於「是什麼」而是「變成什麼」。於是，實現某種終極法則的「運動」就取代了種種可觀察的實在，在實現歷史法則的大帽子下，納粹德國及史達林統治下的蘇聯，將「打造新人類」及「實現無階級社會」等等所謂的「自然法則」或「歷史的鐵則」凌駕於國家的法律之上，不以正常的「以法治國」，而用種種的「政治運動」去實踐所謂的「亞利安人統治」及「無產階級專政」的目標。

在這樣的意識型態之下，政黨或政治成為執行「種族」及「階級」必然法則的工具。極權主義者因此名正言順地排除，或忽視的法律統治及憲政制度（legality），也以此排除種種不同意、偏離此意識型態或運動法則的「異議分子」或「危險分子」，可以為了成就「整體」而「犧牲」一部分。於是，種種肅清運動及整肅異己成了常態。在極權主義下，意識型態及種種的政治運動以「純粹人種」取代了人的「多元性」。

揭出西方現代性之通病

然而鄂蘭的詮釋並不只有指向特定的極權主義現象，她企圖要說明的也是。這是西方「現代性」的後果之一。在資本本義的運作邏輯下，形成了具有特定心態的「群眾」及「資產階級」；資產階級的特性是對政治冷感及疏離，蔑視公共事務，公民的責任及義務被視為是浪費生命，人生活的目標被認為是個人在私領域的滿足及財富的不斷累積，政治被認為只是保護私有財產的工具，或被認為是可能妨礙個人自由及強取私產的危險，或甚至是取得經濟利益的必要手段。這種對政治的疏離常常導向強人統治，認為一般人與政治的成敗無關，而這種與政治的疏離就導向了希特勒及史達林的極權主義。

「群眾」更能代表「現代性」的一種「病症」，因為在資本主義的發展下，西方社會出現一大群喪失了「共同世界」以及被原子化（atomization）的個人，他們處於孤單而漂泊無根（homeless）的狀態。在這種狀況下，極權主義的意識型態提供了一套特定的解釋，讓這些無所依從的個人，藉著意識型態找到自己的定位，也使他們得以融入一個更大的團體之中。種種同一階級或同一種族的政治口號、與其他人身處同樣的政治運動中……等等的方式，讓他們不再感到孤單及無根，這些個別、孤單的群眾依這些教條因而擁有一個「安身立命」的自我詮釋方式。被現代性所原子化的個人，如此一來就被組織成集體性的「人民」或「群眾」，這也是為何鄂蘭會說「極權主義運動是原子化及孤立化個人的一種群眾性組織方式」的理由所在。

總而言之，在鄂蘭對極權主義的詮釋中，我們看到的是鄂蘭定義下的政治完全地被扼殺。在前一章中，我們對鄂蘭的政治界定有一個初步的介紹，知道：

一、政治的基礎是人的「多元性」
二、政治是在公共空間中公民以「平等」的身分相互溝通
三、政治是以言行表現自己的秀異以及與他人的協力合作表現。

這些元素在極權統治中都被徹底扼止，極權主義是政治異化的極致表現。

◆政治的異化：對政治哲學的批評

政治異化的極端表現，代表極權主義的出現，然而政治的異化不只限於納粹及史達林的恐怖統治，它指涉的範圍要廣遠得多。對鄂蘭而言，政治的異化表現在所謂「不應該是政治的」卻被視為是「政治」的；至於為何會有政治的異化，鄂蘭認為西方的政治哲學傳統得負很大的責任，因此我們也需要進一步了解她為何去批判「政治哲學」。

如果鄂蘭的思考方法是一種「**區分明辨**」的話，解釋及澄清「是什麼」與「不是什麼」是鄂蘭最主要的方法論。在這樣的前提下，我們可以說她的思想主要著重於**重新發現政治**，描述一個**純粹政治的領域**，而與這樣工作構成一體兩面的是，貫穿其思想的另一個重點乃是指出**政治領域的異化**。

從此角度，我們可以說，鄂蘭思想有兩條軸線：其一就像鄂蘭在《極權主義的起源》，她試圖說明**政治不是什麼**，政治如何在西方歷史中被異化及被摧毀；而在另一方面，鄂蘭在《人之條件》中試圖說明**政治是什麼**，將政治定義為個人在公共領域中以秀異言行的自我展現。在第一條軸線中，鄂蘭以一種「區分明辨」的方式將「什麼是政治」與「什麼不是政治」清楚地描畫出來：政治不是「製造」、政治領域不同於「社會」領域、「美德」不應處於政治領域、有「暴力」及「宰制」之處就沒有政治、政治行動不能用「目的」與「手段」的因果關係來解釋等等。鄂蘭著作有一大部分在「指出」種種關於政治的偏見和謬誤，並試圖加之「解釋」以及「摧毀」這些錯誤，因為正是它們才導致了政治觀念的被異化。

政治怎樣被誤解

依據鄂蘭所思，這些誤解政治的方式主要有三類：

第一，她首先拒絕將「政治」等同於行政管理及官僚統治。

第二，她反對將政治認為是一種自古就有的人類宰制及管理同類的現象，這種盛行的偏見認為只要有人類的地方就有政治，政治幾乎無所不在且無時不在，同時被認為是一種使用「暴力」猶可用「目的」和「手段」的角度來加以理解的現象。鄂蘭卻認為政治沒有半分實質性的基礎，它不奠基於任何人類學或生物學的必然性，政治反而是罕見及少數的，它需要人的關心照料及勇敢參與。也就是說，鄂蘭不同意我們常說的「這裡面有政治運作」，或任何將政治與骯髒或圖私利相連的說法，她想傳達的是把政治視作人類最高等、最珍貴但也最罕見的集體現象。

第三種誤解，也是最重要及影響最深遠的扭曲，則來自於哲學家的偏見，蘊含對人類「多元性」及「共同世界」的敵視、對人民大眾及個人意見的蔑視。也就是說，在鄂蘭眼中，西方政治哲學總愛試圖**追求一種單一的人類理想，想以「一」取代「多」**，而實現此理想的方式就是對現實世界和無知大眾進行改造，如同柏拉圖在《理想國》所說的，只有掌握真理的哲學家才有資格擁有權力，這就是著名的「哲學家皇帝」的主張。

這最後一種誤解政治的方式，帶出了鄂蘭對西方政治哲學傳統的批評：這個由柏拉圖開始，一直持續到馬克思的大傳統，乃是奠立在一種對人類政治世界的敵視、批評及否定之上。十七世紀法國思想家巴斯卡（B. Pascal）就指出，柏拉圖與亞里斯多德看待人類共同世界的方式就是將其視之為「瘋人院」，充滿了種種荒謬不合理，有理性、有理想的哲學家自然看不下去，試圖改變這些醜陋的現實。

翻轉政治哲學，另闢蹊徑

所以，西方政治哲學的共通點之一，就是將政治世界及人類事務視為一種較劣等而有待改造的領域。這指的是原始、初級、不完美、充滿混淆與錯誤的政治領域「應該」也「可以」被轉換和改變，需要的是「真理」以及哲學家根據「更高標準」來進行一種改造工程；也就是說，僅有哲學家看到的「真理」才重要，一般人的「意見」可以被忽略，而且僅有這個完美人類理型才重要，雜多的個體頂多只是哲學家國王有用的奴僕。因此，**也許聽起來矛盾**，在這個主流傳統中，政治哲學追求的其實是「政治的消亡」，追求一個不再具有政治性的所謂「真實世界」。

西方政治哲學傳統對鄂蘭而言，有種根深柢固的「**反政治**」的傾向，非僅不會嚴肅地關切及理解政治生活，反而認為這個變動不居的領域需要一個終極原則來加以主導。這是為何鄂蘭會說：「**自柏拉圖以來的政治哲學，其大部分的工作可以被視為是尋找一個於理論有據也於實務有方以求徹底逃離政治的種種嘗試。**」[1]（HC, 222）

換言之，鄂蘭察見西方政治哲學總是試圖否認人類的多元性，試圖強加於政治領域種種外在的超越性準則，以理想的一元取代現實的多元。也就是說，哲學家通常只在意個人的單一性，尤其是理想的人類，能夠代表人類真正本質的人，這樣的思考從柏拉圖的「哲學家皇帝」一路延續到尼采的「超人」，因此眾人的多元性不是被忽略，就是淪為一種工具性的次要存在狀況。

這樣的觀察使得鄂蘭直截地反對及批判「哲學」，她認為自己乃是屬於摧毀西方形上學及哲學範疇的思想家陣營之中。鄂蘭甚至不滿意別人認為她所從事乃是一種「政治哲學」，**因為**她不想被歸類在這個傳統中。她認為柏拉圖開始的這個主流以「普遍性」及追求「永恆不變性」

對思考政治現象有災難性的負面影響，因此**她認為對自己最好的**稱呼是「政治理論家」（political theorist）。

了解過政治的異化後，我們不妨追問，一個不是異化的政治對鄂蘭而言是什麼，也就是說，一個「純粹政治領域」指的是什麼。而想回答這個問題，就要了解對鄂蘭來說，政治只發生於公領域，鄂蘭式的新政治學建立在一個不同於私領域和社會領域的公領域之中，我們因此必須了解公領域是什麼，以及它如何有別於私領域及社會領域兩者。

| 第三章 |

鄂蘭式「區分明辨」

公共的、私人的
及社會的

◆公共領域與私人領域的區分

公共領域與私領域的區分在鄂蘭思想中極為重要，我們或可先給讀者一個大致的概念：鄂蘭的企圖是重振古希臘的公私之分，繼承將「家戶管理」與「城邦事務」嚴格區分的古典傳統，並以此嚴厲批評現代性中以「私密性的（intimate）V．S社會性的（social）」取代公私之分的傾向。

私人領域主要被鄂蘭視為是家庭領域，是古希臘意義下的「家戶（管理）」（oikos），這是「製造」（如雙手的工作），是回應「生理需要」（如吃或愛與生育），是「宰制」的領域（如父母對孩童的教導）；換言之，私人領域是人類回應自然之必然性的地方，它常常充滿了由自然所造成的不平等性以及種種為維持生存的勞動。

從某個角度而言，鄂蘭思想有明顯的揚「公」貶「私」的傾向，畢竟在希臘思想中「公」高於「私」是十分明顯的。對雅典人而言，在家庭事務中不可能有任何的自由，他們蔑視只生活在私人性空間的人，因為他們相信這是指拒絕去承受作為自由人所應經歷的種種挑戰，這樣的人缺乏勇氣也沒有「特權」能夠成為一個公民且進入公共領域，所以只有私人生活的人是不完整的。鄂蘭完全繼承了這樣的想法。

鄂蘭對私領域的真實看法

但事實上對鄂蘭而言，私領域也與公領域同等重要，一個人的生活少了私領域是無法想像的。鄂蘭的一生總是小心地保護她的私人生活，作為成名人物的她總試圖躲閃鎂光燈的追隨。有次鄂蘭在某著名雜誌上看到自己成為封面人物，她寫信給老師雅斯培嘲諷自己，「我現在必須習慣成為一個show girl了」，而通常鄂蘭「只是非常遲疑甚至是非常沮喪地在大眾面前露臉」。

在學術工作上，鄂蘭也從不願接受全職的教職，每次都辛苦與每間大學商量以「學期」為單位的教授工作。她的朋友們對她是極為重要的，而她的先生在鄂蘭的思維中占有重要地位，《極權主義的起源》便是獻給丈夫的，鄂蘭說自己的婚姻生活就像是一種「只有兩個君主的小王國」。

這一切都說明了私領域有其必須性。因此鄂蘭對公領域的重振不應被視為是對私領域的貶低，對她而言，私領域同樣地具有第一位的重要性，是它保護了許多人類重要的活動，所有關於「身體」的照養及「生」與「死」都在此發生，它同樣也是「愛」所生發的領域。❶總之，對她而言，私人性指的是「一些我們有權要求隱密性的事務」。

私領域不如公領域重要？

當代的讀者應要小心，別太快地把私領域跟今日社會的「私人」觀念畫上等號。如果我們還可以說私領域相對於公領域有一種「低等性」的話，它只來自於一個事實，即「私」領域（private）主要是一種「**缺乏**」（privation），是一種無法顯現猶且無法也不應被他人看見聽見的領域。如果以「光」來比喻，「私」等於沒有光亮，是一種「無明」的被遮蔽狀態，而「公」等於照耀著的光線，指的是一種「可見性」，是一種完全打開的解蔽狀態。

鄂蘭所主要批評的是從古希臘到現代性所產生的一種大反轉：在西方古典時期，私領域是個人成為城邦公民及參與公共事務的先決條件，也就是說，在私領域滿足的個人擺脫了生物需要的控制，這樣的條件「允許」及「支持」個人進入公領域，以理性溝通與他人討論善惡；相反地，我們當代人習以為常地認為，只有擺脫了公共事務的煩擾，我們才能在私領域中追求各種意義下的「小確幸」或個人幸福。

換另一角度說，在古希臘，私有財產被視為是個人擁有足夠的經濟條件及自由時間，得以從家門踏入城邦的公共廣場以參與政治事務，但現代性的資本主義及資產階級的生活觀卻是視公共事務為無用的負擔，只有忽視公共領域、在私人領域中進行無限的資本累積才是重要的，這也是「自由主義」與「共和主義」的一個重要區別。

◆政治性與社會性的區分

對人作為政治動物的錯誤解釋

鄂蘭不但區分了「公」與「私」，她也認為「政治的」完全不同於「社會的」。鄂蘭的思想直接繼承了亞里斯多德「人天生是一種政治動物（zōon politikon）」的命題，但鄂蘭發現，在羅馬時期，亞里斯多德的「政治動物」已經被錯誤地翻譯成「社會動物」：聖多瑪斯．阿奎納這位中世紀調和基督教思想與亞里斯多德主義的思想家，已繼承這樣的誤解，因為「人自然地就是政治性的，這即是說，是社會性的」（man is by nature political, that is, social）（HC, 23）。對鄂蘭來說，人是一種「政治性」的存有，不是因為個人無法離開群體而生活；人相互需要、人需要一個群體生活，不等同於人因此是一種政治動物，因為對希臘思想而言「人必須集體性的生活」，在一起只代表一種最低程度的政治動物，例如：亞里斯多德說人是政治動物的第一層，也是最低層的意義，就是人與蜜蜂、螞蟻一樣是一種「群居動物」，它只說明了人也是一種「動物」，有屬於「生物」或「生理」層次的需求。這完全不是人類的最高機能，也不是「政治動物」的真正意義。

對鄂蘭與亞里斯多德而言，政治完全排除了「有用的」及「必需的」活動（everything merely necessary or useful is strictly excluded）（HC, 25），它是一種完全「人類」意義上的實踐活動。對《政治學》及《人之條件》的兩位作者而言，這指的就是某種最高善的追求，即平等公民在公共領域以言行展現的理性溝通，而這才是「人是一種政治動物」的完全意義。

現代性中的新興第三領域：社會

鄂蘭另一項與之而來的重要主張即是，西方歷史中興起了一種「第三領域」：既不是「公」領域也非「私」領域的「社會」領域，它是一個新的人類現象，其興起與「現代性」及「民族國家」的興起是一致的

（HC, 28）。

現代性因為遺忘了源自古希臘的公私之分，愈來愈將政治事務理解成一種「擴大式的家戶管理」，政治共同體彷彿另一種形式的「家庭」及家戶管理，政治因此被想像成一種國家範圍的家戶行政管理，一種「社會經濟學」（social economy）或「集體性的家務管理」（collective housekeeping）（HC, 28-9），而這種基於將所有家庭經濟地相連在一起的共同體被稱為「社會」（society），其政治形式則被稱為「國家」（nation）（HC, 29）。

我們常聽到的「政治經濟學」在鄂蘭的理論中完全是沒有意義的，因為它指向了兩種不同的領域，「對我們而言很難理解的是，對於古代思想而言，所謂的政治經濟學是一個自相矛盾的詞彙：所有指向個人及種族生存的生命活動是屬於經濟的，而就定義而言，所有屬於經濟的都是非政治性的家庭事務」（HC, 29）。種種因滿足生理需要而來的活動立基於某種「不平等」的關係（如父母與孩童或主人與奴隸的不平等關係），相反地，在政治領域是一種完全「平等」的自由公民間的關係，這是為何鄂蘭強調：「平等是自由的本質：自由意謂著被統治關係的不平等中解放出來，並進入一種既非統治別人也非被別人統治的領域。」（HC, 32-33）

隨著「社會」領域的擴張，鄂蘭所看到及所擔心的是，社會領域排除了「政治行動」的可能性。社會要求所有成員依循某種行為規範，強加無數不同的規則於每個人身上，試圖「正常化」（normalize）我們每一個人，而這意謂著排除了自發行動的可能性（HC, 40）。換言之，社會要求的是所謂的「良好行為」，而良好行為只能是一種「單一行為」，其本質是「服從」或「盲從」（conformism）；在這種傾向下，社會領域擴張的頂點就是「大眾社會」（mass society）的出現，它意味著社會能夠均等地及有力地觸及並且控制所有的社會成員（HC, 41）。[2]

與此相應的即是傅柯所說的「權力生產知識」的命題。種種為了回應規範及統治人民需求而來的「社會科學」接連問世，其中最具代表性的統治工具正是「統計學」（HC, 41-42）。[3] 國家機器為了更好地管理其臣民，需要種種的統計數字來作為制定公共政策的基礎。

生命中最重要的事就是謀生？

在這樣情況下，人不再是一個個具有獨特性及行動創新能力的個體，純只是種種不同統計範疇的集合。鄂蘭對這種因統治需要而來的知識提出了批判，認為社會科學就其動力和本質而言就是一種「行為科學」（behavioral sciences）（HC, 45），即所有社會成員能遵循一種標準化的行為規則，現代性及社會無限擴張的危險乃是「人類的單一化」（one-ness of man-kind）（HC, 46），社會均質化的力量變成一種不斷地抹殺「差異性」的過程。

社會領域的擴張，也代表了一種對公領域與政治行動的貶抑。私領域的私人財產及生命必需性的滿足不再被視為是一種人得以進入公領域的基礎，社會領域中的人，他們的政治想像只要求國家保護私人領域，在一種不被政治力侵擾的狀況下得以進行各種幸福的追求。但個人變得只關心自己，然後忽視及蔑視建造一個共同世界的責任，這是為何鄂蘭認為這種「私人性的占有（……）開始侵蝕世界的持續性」（HC, 68）。

鄂蘭擔心，隨著這種社會要求單一行為而來的，是當代世界對不同生命可能性的扼殺。我們在當代資本主義的邏輯下不自覺地只將自己想像成一工作者，生命最高的目標就是對自己及自己家庭的生命維持，於是一個安全舒適的私人生活成為許多當代人的最高目標，生命就只是「**謀生**」，生命被簡化到出門工作以養活自己和家人，自由主義與資本主義結合的後果常常淪為一個由勞動者及上班族所組成的社會（societies of laborers and jobholders）（HC, 46），而自我的「秀異性」（excellence）成為這種「以工作養活自己」的世界觀中最少被期待的可能性（HC, 48）。現在的經濟情勢常讓台灣新一代的年輕人感到強烈的不安全感，在一個地小人稠、高度競爭的社會中，我們不但常常必須「為五斗米折腰」，甚至有時連「折腰」的挫折感也沒有了，只高高興興地捧著自己的「五斗米」，生命變成養家活口，**但生命的理想性是否因此而不再成為我們的重要考量呢？**這就是人的生命？生活是否有更高的夢與理想呢？鄂蘭這裡的思維讓我們有機會想一想：生命，真的就只有「謀生」嗎？

◆鄂蘭式公共領域的特徵

公私之間不宜互比連通

鄂蘭首先全然反對將「家庭」與「政治共同體」作任何類比或連結。西方政治思想史上，慣常看到將政治領域的「王權」比喻成私領域的「父權」，鄂蘭認為這不但將不同的領域相混淆，而且此等混淆完全摧毀了政治的可能性，因為政治本身排除了家庭領域中「絕對權力」與「生理」需求的滿足。

鄂蘭主張，基於「欲求」（wants）與「需要」（needs）的家庭領域，截然不同於基於「自由」（freedom）的政治領域；兩者之間沒有任何的「類比」，唯一可提是私領域的生活及滿足為人進入公領域的「條件」（condition）（HC, 30-31）。也就是說，鄂蘭能夠同意人是一種「社會動物」及「經濟動物」，但人更是一種「政治動物」，社會及經濟層面乃「先於」且「不同」於政治層面，人只有當他不再屬於社會及經濟動物時，方才可能成為一種政治動物，但也只有人滿足了其作為社會及經濟動物的需求，他才可能成為一種政治動物。「公」與「私」**是完全不同的範疇**，不具備任何類比與相近性，這是鄂蘭式公領域的第一個特徵。

其次，對鄂蘭而言，公共領域指的是所有在公領域發生之事能被眾人看見及聽見，因此是由在場的他人所構成的，它享有最高程度的公共性和可見性。公共空間是一個人們表現自己的空間，是一個看見及被看見、被聽見，由演說與說服所構成的競爭性空間。

找回純粹的公共領域

在理解「什麼是真實」的哲學立場上，鄂蘭不從「本質」的角度而改從「顯現」的動態角度來探究，這是為何她在哲學上主張「顯現即是現實」（appearanc...constitutes reality）的理由所在。這也造就為何鄂蘭的政治行動觀形同舞台表演式的美學，但她不在乎合於實際劇本的真實性，而只重視與他人同台演出的此時此刻。

如此顯現的公共性及美學性突顯出個人的獨特性，它是將自己的生命經驗作一種藝術性的昇華，以言語向眾人述說如此的生命故事，也就是說私人的熱情或心靈思考也可以變成一種政治現象，只是它們必須經由「去缺乏化」（deprivatized）及「去個人化」（deindividualized）的轉化過程才能成為一種公共的顯現，其中最常見的形態是以「藝術」方式將個人經驗轉化為一種「故事敘說」（storytelling）。鄂蘭尤其強調「他人的在場」將會「強化」並「豐富化」我們最私己的情緒及感受[4]（HC,

50）。公領域由此是一種與他人共構及共享的公共空間。

再者，公共領域指的是「世界」本身，公共領域所談論展現的，正是我們的共同世界。公領域中公民的言行彰顯，可謂共同世界自我表現的媒介，也就是說，共同世界等於由不同個人的多重認知觀點以及多種生命經歷所構成的，是我們用各種不同的角度談論著一個共同的世界。在一個群氓或大眾社會中所難以想像的是，世界如何地失去了它將人們既相連又分開的能力（HC, 52）。喪失了共同世界，人們就無法構成一個具有真正意義的公共領域。

又再者，公共空間是公民相互溝通、說服和協商的互動網絡，但公共領域不是一種持續性及實質性的空間，它是稀少罕見、隨時可能消散的。最重要的是，只要有支配或宰制性存在處，公共領域就隨之消失，只要有人用「力量」、「狡欺」、「威脅」、「強迫」來取代「理性言說」、「溝通說服」及「平等對待」，就不存在任何的公共領域。

最後，就像我們在共和主義的部分所提到的，公共事務不是一種負擔，而是一種真正快樂的來源。不允許積極參加公共事務的生活便非真正幸福的生活，公共事務不是一種有義務忍受的「必要之惡」，它能帶來私領域所無法實現及想像的個人滿足，這是理解鄂蘭公共領域的一大關鍵。

本節中我們看到了，鄂蘭試圖要重新找回一個純粹的「公共領域」，它既非私人領域，也非「社會領域」，接著下一章，我們將會說明在這樣的公共空間中，什麼樣的生發或事件被鄂蘭視為是真正的「政治」。

| 第四章 |

一句話解釋政治？

基於溝通與
說服的個人彰顯

◆政治的奠基石：多元性

首章中我們對鄂蘭的政治界定作了初步的介紹，現在我們可以繼續地深化這套定義。對鄂蘭來說，政治有一個基礎，即人類的「多元性」，政治也需要一組大架構來支撐，即一個「共同世界」。

這些看似簡單的元素卻可能完全消失，第二章的極權主義分析中即提到，希特勒與史達林以某種特定人類理想取代人類的多元性，爾後孤獨而自覺多餘的個人被意識型態所動員，乃是因為漂泊無根的人們喪失了一個可以與他人分享的共同世界。我們很清楚地看到，對鄂蘭來說，一旦多元性沒有被尊重，一旦共同世界沒有被創造及維持，所謂理想的政治和公共領域就根本不可能存在，「多元性」及「世界性」因此是政治的「可能性條件」。

在鄂蘭最具系統性的著作《人之條件》，她清楚地表達她對於政治的理解奠基於兩個哲學人類學命題：一是人的「**多元性**」（plurality），它表達出每個人都是不同的個體，人也必須與不同的他人生活在一個共同世界之中，人類事務因此難有一個絕對及適用於所有人的標準，承認多元性成為思考政治事務的起點；另一個支柱是所謂人的「**生生不息性**」（natality），每一個初誕生的嬰兒都象徵著某種新的可能性來到世上，人是能創造新事物的存有者，每一個新生命的誕生都象徵著創新的開始，每一個個體原初地就帶有這種開創新局的能力，所以人類事務永遠無法以一個單一原則來窮盡所有可能性。「多元性」與「生生不息性」因此是鄂蘭思考政治的起點。

多元性的組成元素

更進一步地說，鄂蘭主張人類的「多元性」並不等同於在人類的生物範疇中有許多不同的個體，我們不能因為看到白馬、黑馬、亞洲馬、歐洲馬就說馬有其「多元性」，這樣的「雜多」並不等於是「多元」。鄂蘭認為人類的多元性有兩個重要成分，一是「平等性」（equality），一是「相互區分性」（distinction）（HC, 175），多元因此是指與自己一樣的平等個體的區分開來，這樣的多元是一種「動態」的顯現，是以具體的言語與行動將自己與他人不同的獨特性展現出來。所以鄂蘭說：「言語與行動將人類獨特相互區別性顯現（reveal）出來。藉由它們，人將自己與他人區別出來，而不是與他們僅僅不同。」（HC, 176）[1]

多元性也指我們總是與不同的個體一起生活，人與人不是處在一種「主奴的上下關係」之中，也不能根據一種「單一的理想人性」為藉口改造現實中的人，人類多元性條件指的就是「在與我同樣是一個不同且獨特個體的人們中共同生活」（HC, 178）。[2]我們由此可以知道，多元是指平等卻不同的個體的動態開展，因此它包含了某種的「行動」，即作為言行顯現的政治行動，所以「多元」與「政治行動」必須一體性地來理解。多元強調的是差異個體間的平等性：我們是平等的，因此我們可以了解他人，但我們也是多元個體，需要言行來表現自己的不同，鄂蘭因此說：

如果人不是平等的，他們就無法彼此了解，也無法了解之前的往者和對未來的計畫，並預知那些將要來到者的需要。如果人不是相互區分的，每個人都與現在、過去或未來的人區分開來，那他們就不會需要言語與行動讓自己被理解。我們就只會需要符號和聲音作立刻的溝通，完全等同的需求與慾望就足夠了（HC, 175-176）。

這種對多元的強調使得鄂蘭在《何謂政治？》這本小書的一開頭就說：哲學與神學關心的大寫[3]的人類、人類本質或人類本性，而「政治建立在這樣的事實之上：人類的多元性」（1995, 39）；政治關心的不是大寫、唯一的人性，而是具有差異性的不同個體，因此她進一步地定義「政治處理的是社群以及各各**不同**之存有者之間的相互性」（ibid., 40）。

然而不同的個人能生活在一起，形成一個讓政治行動得以可能的「公共空間」，還需要另一個可能性條件，即創造及維持一個「共同世界」。

◆政治的第二基礎：共同世界

作為一種共享性的世界

「世界」對鄂蘭來說就是一個「分享及顯現的場域」，它是人類一個相對恆久的居所，它使得人類既不侷限於自然生物的生理循環之中，也不自我封閉於自我的主體世界之中。

用鄂蘭的自己的話來說，「世界」對我們而言是一種「在兩者之間」（in-between）（HC, 52），它使人們相連結，也分離一個個不同的個體：鄂蘭用一張桌子來作例子，圍繞坐在一張桌子的人們，既被這張桌子連結在一起，也被這張桌子將每個人分開來。

世界有如一座舞台，它使得人類的「多元性」得以展現。在一個共同的世界中，人可以被看見、被聽見，各種不同的意見得以交流溝通，是共同世界提供了種種關於言行表現的場域，而公共領域是世界自我表現的媒介。

因此對鄂蘭而言，「生活於一個真實的世界中」與「與他人共享及討論這個世界」是同義詞。這是為何鄂蘭會主張，政治的中心不是「人」，而是對「世界」的關心與照料，畢竟沒有了一個共同的世界，就沒有任何政治的可能性。這種強調政治的「空間」性條件是鄂蘭思想的一大特點。

關心並照料世界這個人類居所

而「世界」不會自動出現，它不是一種現成的存在物，相反地，世界需要人的「工作」，是作為「製造者」的人（homo faber）製造這個世界。在這樣的工作中，指導性的原則是「有利性」與「美」，含括種種的工具和種種的客體，還有各種社經制度或各種文學及藝術作品，讓一個具有共通性及溝通性的世界得以成形。世界被製造出來後，讓人類事務有一個居所，一種讓政治行動得以可能的「家」。

由「世界」這個觀念，也能掌握鄂蘭對哲學的批評。鄂蘭對「世界」的重視，無疑地來自於其師海德格的人是「在世存有」（being-in-the-world）的主張。但鄂蘭正確地看到，對於多數哲學家而言，忽視及蔑視「世界」是西方哲學思想的一個重大原罪，他們的理論體系都是「非世界性的」（unworldly），因為西方形上學的主流傳統是漠視此世、追求一個理想的彼世。而這使得鄂蘭注意到現代性的一個重要特徵，就是失根的人們及共同世界的喪失（worldlessness）。

總之，鄂蘭在以教父奧古斯丁為題的博士論文中，就繼承了一種「對此世之愛」（for the love of world）。鄂蘭的思想不是一種追求理想彼岸的理論，**而是**強調我們必須、也應該關心及照料我們此時此刻所共享的共同世界。

◆政治是在他人與公共空間中的自我彰顯

政治是自由和權力的同義詞？

待了解了「多元性」及「共同世界」這兩個政治基礎後，我們可以更進一步地界定鄂蘭對政治的定義。在導論中，我們提到鄂蘭式的政治想像有三點重要的原則：

第一、政治乃是「立基」於多元性，政治必須「尊重」人類的多元性，以及政治的目的在於「表現」人的多元性。

第二、政治只存在於由人們所聚集而形成的公共空間中，在這個公領域中，我們是以「平等公民」的觀點看待自己及他人。

第三、公共領域是一個讓個人以政治行動，即言行展現，來追求個人秀異性及獨特性的展現，政治行動猶如一種「表演」，他人的在場構成「觀眾」，公共空間就是一座「舞台」。藉由政治行動及協力合作，人能夠在這個世間實現種種新的可能性，而這就是「自由」的展現和「權力」的運用。

我們可以看到，鄂蘭對政治的定義有兩項基礎，分別是人類「多元性」與「共同世界」的存在和維持，其政治理想的構成元素有「政治參與」、「公共空間」、「他人的在場」、「言語與行動」、「討論、溝通、商議」、「個人秀異性的表現」以及「作為公民的平等性的預設」等等。這個政治場域及政治行動的出現，讓政治可以視同為「自由」與「權力」的同義詞。

然而事實上，在鄂蘭的思想中，政治具有兩種重要的面向，它們不完全相同及相容：

一是「**平等公民之間的溝通與討論**」，這是為何鄂蘭強調，「所謂的政治，即生活在一城邦共同體之中，意謂著所有一切事務都依言語與說服，而非由力量與暴力來決定」（HC, 26）。[4]

另一重要面向則是「**個體在他人之中求秀異和傑出的言行彰顯**」，也就是說，在鄂蘭對人及政治的想像中，一個完美的人並不是在私領域中過安全舒服、經濟無虞的生活，而是求讓個人的言行和獨特性在一公共空間中被他人看見、聽見及被肯定，終將一死的人類最大的榮耀是藉由自己的行動以爭取「永恆的聲名」（immortal fame）（HC, 197）。我們可以看得很清楚，鄂蘭把我們帶回一個古希臘羅馬的「英雄」世界中，「死後的聲名」比私生活中的「小確幸」重要百倍，也就是說，鄂蘭的政治觀奠基於一種「劇烈的爭勝（agonal）精神」，築出「高度個人主義式」的政治行動觀（HC, 194）。

反對代議政治：沒有人能代表我在舞台上的演出

於是從相反的角度，我們不妨說，鄂蘭式的政治完全反對「代議政治」和「專家政治」，也就是把公共事務交給所謂的專家或政治人物，讓個人可以在私人生活中追求實現種種人生目標的政治體制。這種「間接民主」或「菁英式民主」在現實的政治世界及一般人對政治的理解占有莫大的重要性，但卻不是鄂蘭所認為的政治。

鄂蘭所一再反對和批評的是將政治化約為政府對人民的管理及宰制，或是化約為一種科學及技術理性所主導的技藝，皆因如此一來，政治就不過是一種結合了經濟主義與官僚治理的統治性展現。政治也不應是一種單純反映、處理社經狀況的活動，鄂蘭設想的是一種獨立於國家的政治，它主要是平等公民在公共領域所表現的秀異言行，藉由行動展現了「我是誰」，也將種種新的開始帶入這個世界之中。對當代的讀者來說，種種我們熟知且認為理所當然的政治目標如「經濟安全」、「社會正義」、「權利保障」等等與鄂蘭的政治觀，實無直接的關連，甚至絲毫扯不上邊，這是為什麼許多評論者都指出鄂蘭式的政治是一種**回歸古典**、**高度美學化的政治**，她將現代政治中重要的「道德」與「法律」面向幾乎排除在其政治觀之外，政治變成是個人在公共領域這般舞台中的集體表演。

讀者須同步注意的是，政治從此角度觀之，並不是一種實質性的存在。政治並沒有在納入「人類本性」或「人性本質」時，保證了它的必然性，政治既沒有任何人類學基礎或人類某種特殊官能在支持，也不指向一種特殊的制度或政體安排。政治也不是一種社會的支配原則，如功利主義或某種正義原則，政治只是一種個人言行的現象顯現，是一種由「場域」、「行動」及「事件」所構成，它的特色是間斷，也就是隨時準備消失。

國內學者對鄂蘭學說的見解

最後我們想提及國內兩位對鄂蘭深具認識的權威學者之看法，以便讓讀者有更深一層的理解。

首先，江宜樺教授將鄂蘭的思想定義為一種「多元論」，他認為鄂蘭對政治概念主要在於強調「言行彰顯、多元空間」，[5]更詳細地說：

就我們所關心的「政治」概念問題而言，筆者認為描繪鄂蘭最貼切的方式，是將她視為「多元論者」。……鄂蘭的多元論是表現在她主張「政治」與「多元性」的密切關係。鄂蘭說：「如果人類不是以多元的樣貌存在，政治根本無法想像。」她的意思是說，政治活動之所以可能，主要是因為每個人都是獨立的個體。為了表現個體性，也為了使個體與個體之間的連結得以建立，人乃透過言語與行動呈現自我、溝通互動，這就構成我們所說的政治領域。相反地，假使人類不是以多樣面貌存在，而是如同一個模子鑄造出來的眾多個體，那麼展現特性的言語行動將成為多餘，所有人的行為都可以被我們以模式化的方式加以預測。在這種情況下，人與人之間的互動與結合，只要用最簡單的符號語言就可以完成，政治將不再存在。[6]

另一位學者蔡英文，則是更詳細地指出鄂蘭政治觀的兩種不同面向。在鄂蘭的想法中，政治只發生在公共領域之中，意即沒有建立一個公共領域，就沒有政治行動出現的可能性。針對於此，蔡英文教授指出鄂蘭思想中有兩種公共領域的模式，一是她對古希臘城邦政治之歷史詮釋所建立的「爭勝模式的公共領域」（an agnonal model of public realm），另一是她對美國革命因自治經驗而建立起來的「保有溝通與互為主體的公共空間（a public space of communication and intersubjectivity）」，[7]猶且進一步指出，兩者間並不完全重疊而時常呈現出緊張的對立關係；也就是說，「個人秀異性的表現」與「平等公民間的商議」是鄂蘭政治觀中兩個重要但可能有相衝突的面向。換言之，政治的兩個重要面向，「平等公民間的溝通討論」以及「個人追求秀異的言行彰顯」，是有可能產生衝突的，前者的核心是「溝通」與「政治參與」，後者是「爭勝」及「個人表現」。如果我們以運動作比喻的話，政治會是像柔道或網球一樣，使我們追求個人技壓全場及獨敗群雄，抑或像足球或接力比賽，強調的是團隊合作及共同參與呢？

最後，鄂蘭的政治觀也許仍不免對某些非社會科學領域的讀者顯得有點陌生和奇特，我們可以由更高的思想典範的觀點來理解這樣的政治界定。在思想上，鄂蘭屬於「共和主義」的陣營，公民共和主義是個不同於我們所熟悉那種自由民主和自由主義的思想典範。

| 第五章 |

鄂蘭與共和主義

公民共和主義典範下的政治想像

◆競爭中的不同思想典範：對自由主義的反對

自由民主是最好的政治體制？

不管我們同不同意「人是一種社會動物」的哲學命題，群體生活總是人類生命中不可或缺的面向，即便是不喜人群的隱士或離群索居的牧羊人亦同。在哲學、社會學及心理學的許多理論都指出，純粹獨立、自主及自由的個人事實上並不存在，群體對自我的構成和影響是無比深遠的，集體因此相對於個體至少有種相輔相成性，甚至常常是一種優先性。

如果我們肯定社群生活是人類存有不可少的一個面向，那我們應該如何思考因之而來的政治領域及集體生活呢？此問題對我們當代人而言，最重要的回答之一是「自由民主」的政治生活安排，而這種政經體制背後有一套哲學基礎，即「自由主義」。

從歷史的角度來看，經歷過長期因宗教信仰不同而引發的戰爭與屠殺，還有啟蒙運動對人的理性及自主選擇的重視，自由主義因此認為「什麼是良善幸福的生活沒有一個標準答案」，最好的社會制度安排就是強調對個人權利的保障，於是主張給予各個不同的人最大可能的自由，讓他們追求自己認為最好的生命。這也就是說，種種權利保障的是人的種種自由，擁有了這些自由，人可以自由自主地運用理性以選擇自己的宗教信仰及最好的生活模式。在不妨礙其他個人的條件下追求自由的極大化，遂就成為自由主義的一個關鍵主張。

與此而來的情形是，由於公共領域和政治權威所享有的資源及權力相當地龐大，比方說藉由稅收等金融制度對個人財富有徵收的權力，藉由刑罰等司法制度對個人身體有懲罰、監禁甚至毀滅的權力，自由主義因此對公共領域的一大思考重點在於「防弊」：防止因權力的運用或公共政策的實行而對個人權利或自由的侵犯。也就是說，或多或少，自由主義的思想家認為政治與自由是處在敵對的狀況，雖然自由需要公領域的法律和制度來保障，但除此之外，國家最好管得最少最好，這就是

「最小國家」的主張。

權力必使人腐化？掌控權力之人必濫用權力？

這樣的思考傾向其實來自於某種哲學人類學的立場。自由主義的思想家常因為對掌握權力的人持悲觀主義的想法，或至少對掌權者持相當警戒、懷疑的態度，認為「腐化」或「為惡」是人性無法根除的一部分，因此對政治人物及公共領域採取一種「必要之惡」的想法，他們也認為只要是人在使用權力，「權力」就與「權力的腐化」形影不離。例如中研院院士張灝在《幽暗意識與民主傳統》中就指出，因為受到基督教「原罪」思想的影響，美國的開國諸父體認到人為善的能力常常有限，但人向下墮落的能力卻常常是沒有止境的，「權力使人腐化，絕對的權力使人絕對的腐化」就是這種思想最好的代表。[1]自由主義者對權力及政治領域的這種懷疑論導致了權力分立、不同權力相互制衡的立場，也對人民過度參與政治生活抱著批判立場，因為這可能是政治人物藉由操弄「民粹主義」進而侵犯個人自由的藉口。

我們當然不能否認自由主義的這些想法有其合理性，但面對這樣的主張，我們也想問，面對公共領域，「**懷疑**」及「**警戒**」是唯一的可能性和最好的態度嗎？

我們事實上常觀察到，自由主義其實在實務與理論層次因過於強調個人自由與個人權利，不自覺地預設甚至忽略了整個共同體層次的自由，也就是說，一個社會若沒有某種公民意識及保護共同利益的文化，法律對個人自由的權利保障便常常淪於空話，或逐漸地被公共權力與政治人物所奪取，因為國家機器不是由善良的小天使所操作，會自動及永遠地保護每個人的自由。

因此不滿自由主義的批評者常說，沒有公民的參與及監督，國家會變成「惡靈」，沒有確保政治自由，個人私領域的自由會變成空言。也就是說，自由主義關於「消極自由」與「最小國家」的觀念，導向了一個悲觀的公領域觀念：將公領域如此「工具化」的後果，就是公共領域淪為一種無法避免的「必要之惡」。因為無法在理論和實際上維持一個健康有活力的公共領域，人性的腐化使得政府變成一部生產「不必要之惡」的機器，公共領域淪為某些少數菁英圖取自己私利的工具。

認清共和主義路線指標

幸好西方思想史，並不只有自由主義的思考方式。在西方歷史中，一個比自由主義更加古老且具有影響力的思想典範是可上溯古希臘羅馬的「共和主義」（civic republicanism），這是一個源自於古代城邦共同體經驗所形成的思想傳統，鄂蘭正是屬於這個大傳統之中。由於本書的寫作中心是深入地剖析鄂蘭對「政治」概念的理解和創新，因此筆者認為藉由比較不同的思想典範，讀者當可更容易理解鄂蘭政治觀的獨特性。

相較於自由主義「原子式個人主義」的理論傾向，共和主義強調的是非抽象的個人，而主張人生長、著根及自我實現乃完成於一個特定的政治社群之中，因此它重視公民對政治共同體的珍惜以及對政治生活的參與，畢竟只有人民願意積極參與公共事務、捍衛公共利益，政治才不會淪為少數菁英為圖私利的工具。也就是說，一個理想的政治空間是維護所有人的利益勝過圖利於菁英或少數財團，要先有政治社群層次的自由，個人的自由權利方有實質的意義。這種集體性自由也意謂著一個政治共同體要有其「獨立性」：對外，我們不需要服從某個強國的意志，國家不是處於一種「被殖民」的狀態，沒有經濟、軍事、文化、政治下的從屬關係；而對內而言，公共事務不被某個特定的家族、階級、財團、少數團體或特定政黨所壟斷。

共和主義更突顯出政治領域需要關心共善的「公民」，於此對「公民身分」的強調，與自由主義保障汲汲於私利的個人權利形成了強烈的對比。這指的是，個人除了私人身分外，還有足夠的「公民意識」，願意並擁有這般強烈的意願去關心及參與公共事務，以批判性和深思熟慮的觀點來參與公共政策的形成及協商。公民同時也能深刻地體會到，沒有「政治自由」，亦即缺乏一個健康有活力及維護公利的公共領域，我們種種的「私人自由」或不受干擾的「消極自由」終究會淪為空話，畢竟「覆巢之下無完卵」。一旦擁有了上述的政治制度和政治文化，我們會十分珍惜這樣的國家及政治共同體，因為它們得來不易，也可能會失去，我們會產生某種認同及情感，常常是一種「愛國心」。

我們可以在此引用蕭高彥教授在《西方共和主義的思想史論》的一段話來理解共和主義：

> 共和主義的核心價值包含了自主性（autonomy）、政治自由（political liberty）、平等（equility）、公民身分（citizenship）、自治（self-gouvenement）、共善（common good）、政治為全員參與審議（deliberation）的公共過程、愛國情操（patriotism）、公民德性（civic virtue）以及克服腐化（corruption）等。所謂的自主性乃指不被支配的自由狀態，這除了政治共同體對外不受強敵的奴役外，更意謂著對內全體公民不受少數統治菁英的專斷支配，而能平等地在法治

架構中自由議決公共事務。共和主義思想家區分公私兩個領域，並將政治事務隸屬於公共領域且具有優越性；公民必須依照彼此能夠接受的共善觀念來審議政治事務，私人利益不應涉入公共事務的考量。共和主義強調政治活動的優越性，主張唯有在公民參與公共事務的議決時，才有可能透過溝通論辯而超越個人私利的範圍，並建立追求共善的德性。……對共和主義思想家而言，能夠保障政治共同體全體公民獨立自主，並實施自治的政治制度，乃是最佳體制。而當公民認知到其個人福祉和自由與政治體制間的緊密關係時，愛國情操便油然而生，所以共和主義思想家重視愛國情操對於凝聚公民意識的重要性。[2]

自由主義淪為放任逐私？

關於這兩種思想典範，整體觀之，共和主義的特點之一就是強調個人對政治的「責任」層面，對公民也有相較自由主義而言的高度道德規範要求，因為在自由主義中，個體只被形式地要求成為一位不違法的公民，道德被視為是私領域中的個人事務，然而共和主義卻期待個人能夠培養相當的德性，與其他個體共同追求及保護「共善」。其次，對於國家或公領域，自由主義傾向將國家視為一個為保護自我私利而不可或缺的「工具」，國家就好像一個「保鑣」，其存在只是要防止有惡人來傷害我或偷搶我的財產，他只要把工作做好即可，我們平時不需要與保鑣見面相處或做朋友；共和主義則反對用這種自私自利的契約關係來看待國家，例如古典共和主義者亞里斯多德視政治社群是人追求最高善的呈現，現代的共和主義者如黑格爾則視國家為道德的最高完成，他們都將對公領域的參與視為是一種放下私利、與其他公民一起成為「道德良友」以完成某種「精神上朝聖」的過程，不但明顯地強調道德、對國家的情感認同，更具有高度的理想性。

再者，共和主義批評自由主義的運作導致了只願意待在私領域中汲汲營利的自私個體。然而自由主義不但反擊說，共和主義不合時宜地神化了古希臘羅馬的政治經驗、忽視了現代社會中多元分歧與個人差異的特徵，更認為強調群體的優先性以及道德的重要性更可能演變成集體對少數人或族群的暴力或壓迫。此外，對公民具有德性培養、審議公務的要求，使得共和主義式的公民界定具有強烈的限制性及排他性，於是如何在現代社會中實踐這樣的理想、不淪於某種菁英主義，始終是當代共和主義所要面對的難題；然而自由主義普遍性只強調法律形式面向的公民理念，也在實務上有著嚴重的弊病，主要就是對政治的冷感、不信任感及無效能感。

當代共和主義的新面貌

理解了「自由主義」與「共和主義」這兩種思想典範的差異及優缺點，我們也更加深入體會到鄂蘭式政治的深義：共和主義所強調的「政治自由」、「政治參與」、「溝通協商」、「公領域的優先性」等等都是鄂蘭一再強調的，鄂蘭也常常被學術圈認為是在當代重新發現及提倡公民共和主義傳統的思想家。一位詮釋鄂蘭最重要的學者瑪格麗特・卡諾凡就在其著作《漢娜・鄂蘭：重新解讀鄂蘭的政治思想》（*Hannah Arendt: A Reinterpretation of Her Political Thought*）中稱鄂蘭的思想為一種「新的共和主義」（A New Republicanism）。[3]

此外，學者認為當代共和主義有兩種相對立的典範，即「民主共和主義」（democratic republicanism）及「憲政共和主義」（constitutional republicanism）（蕭高彥，前引書，頁二〇），前者以盧梭為代表，強調的是人民的同一性、統治者及被統治者的合一性，使「人民」成為一種集權力、權威及正當性於一身的絕對者；後者以羅馬共和的混合體制為學習的對象，運作憲政架構與公民參與以防止政治的腐化，即遏阻個人或任何優勢團體取得政治的優位並破壞體制。鄂蘭的思想很明顯地屬於「憲政共和主義」的陣營，並常批評盧梭及其主權觀念。

其次，鄂蘭的共和主義不是亞里斯多德的古典共和主義，也與其他的當代共和主義者存有相當的差異。筆者想簡單地指出，強調以個人為基礎的一種生存美學是她與其他當代共和主義者的主要歧異點之一，因為傳統共和主義強調政治社群的優先性及公民的德性養成，但鄂蘭的共和思想明顯缺乏了對公民道德面向的要求，此外，其思想雖然強調他人在場的重要性，她卻更突顯了英雄式的個人主義，而且是一種強調自我展演、具劇場性格的美學式個人主義。

過去西方社會在共產主義失敗後，自由主義在思想競爭上不再有重要的敵手，有些人甚至宣告「歷史的終結」，主張自由民主是西方社會的極致完成。然而我們也漸漸發現這樣的意識型態無法解決今日的種種問題：我們處在一個愈來愈「個人主義」式的社會和時代中，這種個人主義常常是一種與公共事務斷裂、只圖在私領域中求自我實現的心態和習慣，不過我們也處在一個愈來愈「全球化」及相互影響的時代，九一一恐怖攻擊後，每個人出國旅遊時都必須忍受在各國機場更嚴格的安全檢查；伊斯蘭共和國二〇一五年在巴黎的自殺攻擊讓我們知道到法國或其他國家旅遊時，我們也可能變成下一個受害者，因為炸彈不會區分台灣人或法國人。而種種知名或不知名的病毒，讓遙遠或鄰近國家所發生的事能夠深深影響我們的日常生活，這一切都讓我們必須重新思考什麼是一個「個人」、個人與國家、個人與他人的關係到底是什麼。

共和主義的兩個主要精神

筆者藉由介紹共和主義以掌握鄂蘭政治觀，為的是突顯兩個重點：

首先，公民共和主義邀請我們不以一種「自私個體」的角度來理解自己，強調公共精神與公共歡愉（public happiness）的重要性及可能性，因為鄂蘭及共和主義所強調的是，個人的整全性唯有在群體中才有可能，因此與自由主義最大的區分點在於，共和主義認為幸福與愉悅脫離了與群體的存在以及與其他群體成員的分享是無法想像的。也就是說，共和主義者無法想像和理解「私領域中快樂的獨我」這種觀念。對友誼及對他人和公共性的看重，使得鄂蘭強調，即使談及愉悅，真正的快樂也不是一個人獨自的快樂，而是與他人分享的快樂，真正的快樂肯定是一種「眾樂樂」。與之而來的主張是，真正的自由不是一種不被侵擾或安全地待在私領域的自由，真正的自由是一種與他人共享的公共自由；換句話講，沒有一個人可以說他是快樂或自由的，如果他不參與公民領域的話。無法理解這種不將個人與公眾性對立起來，或將個人的完成與向他人的開放及分享相連結，我們就無法掌握鄂蘭思想的精髓。我們可以說，鄂蘭追求的是一種公共歡愉與福祉，但更精確地該說是**真正意義的愉悅與幸福必然帶有「公共性」**，它絕非純粹個人私有的。[4]

其次，共和主義，尤其是鄂蘭式的共和主義，強調某種「審議民主」（deliberative democracy）的運作，認為多數決、代議政治與選舉民主並不足以反映共善和呈現人民意志，它邀請我們參與公共事務，將他人視為是與我平等的個體，人們可以一起談論問題並找到解決之道，不僅將政治視為表達個人偏好、利益交換或丟給專家決定。共和主義反而相信人有公共關懷和考量他人的能力，鼓勵我們放下自己的原始成見，來與其他人一同討論、共同解決問題，深信我們可以一同追求更好更高的共善。在這個意義上，鄂蘭完全繼承了亞里斯多德的精神，因後者認為人是一種「政治動物」或「政治性的存在者」，唯有人具備「理性言說的能力」，人的政治性就表現在能與他人以言說進行理性溝通，共同地決定政治社群中的重大事務。

在西方歷史上，共和主義通常被自由主義者視為是一種「敵對」的傳統，因為自由主義者擔心，對集體性的強調會導致個人自由和個體權利的侵犯。只是隨著公民共和主義的復興，全球化相互連結的程度加深，以及自由民主和資本主義過於強調私我的舒適，共和主義逐漸被眾多思想家認為，即使無法「**取代**」自由主義的思想典範，但它已不再被視為「**威脅**」，共和主義可以也應當作為自由民主制度的一個重要「**補充**」元素，這是為何鄂蘭這位當代重量級共和主義者有其重要性的理由所在。

| 第六章 |

你在「做」什麼？

鄂蘭對實踐活動的分析

◆「行」相對於「知」的優先性：人類的實踐生活

鄂蘭的著作是一種關於「做」的反省而不是一種關於「想」的理論。她試圖重新定義人類「實踐活動」，從她的博士論文開始，她就有強調「做」與「行動」而降低「想」與「沉思」的傾向，突顯人的「實踐生活」比「哲學生活」重要。

就在本章，我們將介紹鄂蘭最重要的著作之一《人之條件》裡頭對人類實踐生活的解釋。

這本名著開篇即可見鄂蘭寫道，「行動」與「製造」及「勞動」是人類的三種最重要的活動（With the term vita activa, I propose to designate three fundamental humain activities: labor, work and action.）（HC,7）。這三種活動回應了人的三項人類條件：

「勞動」指向的是滿足人類身體之生物過程（biological process of

the human body）的活動，其所回應的人類條件為「生理生命本身」（life）。

「製造」指向的是人類生存的非自然面向（the unnaturalness of human existence），它提供了一個以事物所構成的人工世界（an 'artificial' world of things），其所回應的人類條件為人的「世界性」（worldliness）。

「行動」指向的事實，是眾多的人而非大寫的人類居住於這個世界（tha fact that men, not Man, live on the earth and inhabit the world），其所回應的人類條件乃為「多元性」（plurality）（HC,7）。

先要說明的是，鄂蘭在此所討論的「人類條件」（human conditions）意指人是一種受限制的生物，人總必須在某種條件下生存；她特別指出這些「條件」不等同於「人類本質」（human nature），因為「什麼是人類本質」對鄂蘭來說，是一個無解的哲學問題。另一方面，她也強調人類生存的條件無法完全解釋及回應「我們是誰」的問題，因為人類條件無法絕對地決定人類活動（they [the conditions of human existence] never condition us absolutely）（HC, 9-11）。

儘管鄂蘭思想主要著重於重振政治行動，我們也常在其書中讀到將「行動」置於「製造」與「勞動」之上的段落（例如提及只有行動才是人類的特權，野獸與神都無法做到）（HC, 22-23），[1]但「製造」與「勞動」同樣具有不可忽視的重要性。由於「行動」是鄂蘭此書甚至整體思想的關鍵，我們將會在下一章中詳細地介紹和說明，而在這一章裡頭只集中於解釋「我們身體的勞動」及「我們雙手的製造」（the labor of our body and the work of our hands）（HC, 79）。

◆勞動：無限循環的生理過程

關於勞動的關鍵字就是「人的生物生理性」（biological life）。勞動指向的，是我們生物身體的維持及存活，而因此勞動活動永遠處在一種無止盡的「滿足－缺乏－再開始－滿足－缺乏－再開始……」的自然循環之中，就好像我們每天都要吃飯，中午時身體告訴我們餓了，我們選擇一個想吃的便當或餐廳，吃飽了再去做其他的事，然後到了晚上，身體又告訴我們餓了，於是我們又必須進食……而這樣的過程要一直持續到我們離世的那一天。

勞動的主要特色在於它並不導向某種「成果」或「成品」，倒比較像一種無窮的「重複性運動」（cyclical movement），它的「生產」（production）與「消耗」（consumption）幾乎是同時，好比我們動手捉捕河裡的一條魚純為了滿足當時的飢餓，而非希望將它製成標本，擺在博物館供後代的人觀賞。勞動所指向的生物自然循環因此是一種「無止盡的重複」（endlessly repetition）（HC, 98），單單順從人作為自然一部分的生理過程，而人的生物生命僅只是整體自然循環中的一個微小部分。這便是鄂蘭何以認為就「世界性」的觀點，勞動是具有最少「世界性」及最高「自然性」的人類活動（HC, 96）。

然而勞動也有較為接近「世界」的層面，不直接屬於「自然」的一部分。此處指的是一種無止盡的抵抗過程，防止人造物及人文世界受自然力的侵蝕（HC, 100），也就是一種照料式和維持式的勞動活動。好比我們對一處古蹟的維護，下大雨時要開除溼機，太冷時要用暖氣，有害蟲入侵時須做必然的防護；又好比我們每天的家務勞動，一個家需要日復一日照管和維續，髒了要弄乾淨，壞的東西得要修理或更新，因為這樣的家才能允許我們進行滿足最基本生理需求的例事，如進食及睡眠。

鄂蘭也提出對「勞動」活動被過分高估的質疑，也就是說，在古希臘，只自限於生理層次或動物層次活動滿足的人被視為是較低層次的，人的「最高善」被亞里斯多德視為是關於公共事務的理性言說，生理或自然的勞動被視為是屬於婦女、奴隸的。不過現代性中出現了一種大反轉，最低及最被蔑視的勞動突然成為人的最高能力，這種改轉來自於英國哲學家洛克將勞動視為「私有財產」的來源，亞當．斯密視勞動是「財富」的根源，猶且最主要的則是馬克思將人視為一勞動性的存在者，勞動就此成為了所有「生產力」的唯一來源。

馬克思勞動理論的不足

在這樣的大環境下，鄂蘭進行了對馬克思勞動理論的批判，認為他無法區分「勞動」與「製造」，從而混淆了兩者。她最主要的立場在於指出，「勞動」及「私領域」所保護的人類活動並不是人的最高官能，兩者被鄂蘭與古希臘人視為一種邁向公領域的「跳板」或必要條件，倒非自身是自己的最高目的。

現代性中勞動的被過度提高，也代表著我們進入一個「消費社會」，勞動者的社會亦必然是一個消費者的社會。而在資本主義下，人只被允許由工作者的角度來看待自己及他人，賺的錢也僅是要養活自己，所謂養活及任何的娛樂均只藉由從事種種的「消費」來表現。更嚴重的是，所有的人類活動都被平等化為一種「謀生」（making a living）或「提供生活的必需性」（HC, 126-127）。[2]在這裡，鄂蘭強調，革命就是將整個人類從「勞動」和「自然的必需性」中解放出來（HC, 130），畢竟人類的本質在於「自由」，對鄂蘭來說就是公領域中的自我展現。

然而人在現代社會中愈來愈以「勞動動物」的角度來看待自己，就愈不可能有真正意義下的公共領域，有的只是「私人活動的公開進行」（private activities displayed in the open）（HC, 134）。比方說我們所熟知的政治，一般人都認為所謂的政治是讓我們的生命更輕鬆或更舒服，例如這個候選人說要降低健保費、別個候選人要給更高的老人年金，還有別的候選人將「食物安全」列為其主要的競選支票；從鄂蘭的觀點，這些政見所要保障的只是人的「生理生命」，對人的考量單從一種「勞動動物」的觀點出發，生物性生命的維持和舒適成為人的主要目標。鄂蘭認為勞動是必要的，但它絕稱不上人類最高層次的展現。

◆製造：打造一個人文世界

製造者的使命所在

「製造」是打造種種的「人造物」（human artifice）及「可用物」

（objects for use）（HC, 136），這個人造世界相對於終將一死的人類有其「持續性」。我們會過世，世界還會存在，而它的功能就是「穩定人類的生命」（HC, 137），因為任何的勞動活動都必須生發於一個「世界」之中，就像生與死。我們出生於一個在我們之前就已存在的世界，它也會在我們過世後繼續存在。

這樣的世界需要作為「製造者」的人來加以創造，而這樣的「工作」其本質就是一種「物化」（reification），例如將自然給予我們的泥土製造成一個可以用的陶杯。換言之，世界具有「物」的性格（thing-character of the world）（HC, 93），「打造世界」的過程就是「一種持續物質化的過程」（a constant process of reification）（HC, 95-96）。因為製造不同於勞動，生理的人是終將一死的人，行動也只都是此時此刻的表演，兩者皆無法留下永恆作品，唯有製造能創造出具有「持續性」甚至是「永續性」的物或作品。

作為製造的「工作」可謂我們雙手活動的成果，它與身體的生理勞動行為不同的是，它並非為了回應自然需求。作為「製造者」的人有別於作為「勞動動物」的人，正因人製造出有用途的種種客體物件，它的本質是一種「效益主義」或「功利主義」，所以生產對我們有用的物品和工具，它們形成了一個持久但非自然性的環境。

摧毀自然的主人：製造者

另一個與勞動的大不同則是與自然的關係，對勞動者而言，自然所提供的都是「好東西」，但對製造者而言，自然所給只是一些無用的原始材料，它們需要人類雙手來加工及創造價值。因此製造者與自然站在對反的地位，工作必然帶有某種對自然的「違反」（violation）以及施加「暴力」（violence）的成分，製造者永遠難避免成為「自然的摧毀者」（a destroyer of nature）（HC, 139）。

順著這個對自然的暴力性加工觀點，不同於勞動者那種因無止盡努力所帶來的苦痛與耗竭感，工作可以提供製造者某種「自我滿足感」及

「自我確定性」（HC, 140）。任何工作皆有一個明確的開端，以及一個明確的結束，在一種「目的」與「手段」的因果範疇中運作；還有，任何產品的出現都必須先有一個被預期的目的，它根據的是一種具有永恆性的「模式」（model）或「意象」（image），因此工作者可以根據它們來製造數量無上限的同一物品（multiplication），這完全不同於勞動的重複性（repetition）。以上的種種特點，給予製造者身為「自己及自己所作所為的主人」（HC, 143-144）的感覺，這是「製造」最大的特點之一，因為勞動讓人感覺「吾之大患，在於患有身」，作為生物一分子的人必須以勞動維持自己的生命；至於行動，下一章我們將會看到，有一種「不可預期性」，我們永遠難以知道行動會導向什麼樣的結果，行動者無法、也不是自己行動的主人。這種主宰和可控制的感覺，正是製造與勞動、行動之間很大的不同。

還有一個值得提出的重點，任何的工藝過程都不需要他人，而只需要自己，也就是說，「與他人的隔絕」（HS, 161）是其構成元素。所以說，不同於行動及行動者是政治性，製造者與勞動者實屬「非政治性」而非「反政治性」，因為工匠不需要他人，製造者是一種主人，是其主權性的展現。製造所表現的並不是「她／他」是誰，而是他所有及她所能夠做到的。

以製造取代行動的歷史教訓

最後，正如鄂蘭提出種種只從「勞動者」角度來想像自己的危險，我們必須提出種種只從「工作者」來想像人類的負面後果。對鄂蘭來說，以「製造」來想像政治是最為危險的，現代性的失敗和極權主義的出現都可以用「將製造的觀點取代行動的觀點」來加以解釋：

第一，以製造邏輯設想政治的最大危險，就是將「暴力」帶入政治的中心。因為製造是為了某一目的而對自然施加的一種暴力，或者為了某一特定目的，某種特定的暴力手段在因果解釋中被合理地證成，暴力支持者會說，「如果不把蛋打破，我們無法做一個蛋捲。」這是為何鄂蘭認為混淆了「製造」與「政治行動」的馬克思會理所當然地把暴力置於政治的中心。

其次，製造者既無法回應德國啟蒙運動作家萊辛的諷刺：「有用性本身到底有什麼用？」也無法理解像康德所說的「作為目的自身的目的」，也就是人作為自己目的而非任何手段背後目的的道德哲學。製造者無法區分「有用性」（utility）及「意義性」（meaningfulness），因果和手段所藏目的都無法導向任何的「價值」，因此製造者世界內含了一種「意義喪失」（meaninglessness）的危險（HC, 154）。

對鄂蘭而言，人類的意義創造來自於政治行動，來自於將自己的「勞動」與「製造」活動創造融合成一個「生命故事」。如果人需要勞動是為需要滿足種種的生理需求，如果人需要工作是為需要打造種種的客體與世界，那麼，一個滿足了生物需要的人，在共同世界中還需要什麼？需要的就是「行動」。

| 第七章 |

讓我們創造「奇蹟」吧

政治「行動」是什麼？

◆不同於「勞動」與「製造」的「行動」

前面我們提到，鄂蘭注重人的實踐活動，遠勝於哲學式的沉思生活，進而把實踐生活分成「勞動」、「製造」及「行動」三個完全不同的範疇而細加分析。上一章中我們介紹了前兩者，在此我們將詳細地介紹行動這一層。不過我們可先很簡單地說，行動是一種**為了彰顯自我的言行表現**，它能夠將某種「**新開端**」帶到這個世上，堪稱人類最高官能的展現，而這部分的理論，無疑是鄂蘭思想最精采且最重要的組成部分。

「行動」，就最廣層面的意義而言，可說是一種「去開始，這樣做試試看」（to take an initiative, to begin），或者是「使某物開始運動」（to set something into motion）（HC, 177），因此行動等同於「做」，其本質蘊含有「斷裂」、「突破」、「新開始」。行動往往會打破了某種的「平衡」、「慣習」、「常態」、「模式」，在其核心中總帶有「令人驚訝的非預期性」（startling unexpectedness），鄂蘭甚至說，行動總是能以一種超越統計和可能性法則，超越每日慣行的確定性以來到世上，意即行動必然以「奇蹟」（miracle）的形式展現（HC, 178）。行動者的「奇蹟式創造」，完全不同於勞動者的「生理式重複」以及工作者的「物件式製造」。

其次，行動是為了彰顯「行動者」，讓行動者的「真我」從一種「遮蔽無明」的狀態中解放出來，讓自己被看見及被聽見，因此行動必然預設了個人從「私領域」走向「公領域」這段「由暗到明」的過程；也就是說，行動是用言行去進行一段「解蔽」自我的動態開展，在公共領域之「可見性」下讓他人「看見」及「聽見」自己。對鄂蘭來說，每個地球的新到者都必須以「行動」去回答「你是誰？」諸如此類的問題，行動幾乎等同對於「我是誰」的「解蔽揭露」（disclosure of who somebody is）（HC, 178）。所以言語並非作為與他人溝通的工具，它也不是達成某種目的之手段，藉由言語的行動，除了「彰顯行動者」之外沒有其他目的。

在這裡，鄂蘭反對以行動的「動機」或行動所達成的「成就」來評論行動，意指行動者不求以行動來打造某種具體的「產品」或達到預期的「結果」，我們評斷行動的唯一標準只看其「偉大性」或「秀異性」（greatness）（HC, 205），希臘城邦的組成便是要鼓舞其公民「勇於追求不平凡」（ibid., 206）。這是為何鄂蘭提到，人類生活的主要特徵為人不會光滿足於無限制的生理循環，**相反地，人的生命充滿永遠不同的事件**，而我們能將它們活成一個「生命故事」（a story）或「自傳」（biography）（HC, 97）。

言語與行動皆為展現自我

「行動」對鄂蘭來說總歸是一種「言行」，「言」與「行」在鄂蘭思想中置於同一天平的兩端：「無言語的行動不再算是行動，因此不再有一個行動者。行動者，所謂某種行動的實踐者，只有在他同時是一位

言說者才可能成立。……沒有任何其他人類的表現像行動一樣地需要語言。」（HC, 178-9）

拿個比方來說，鄂蘭認為當一介市井小民勇敢地從私人生活走向公共事務時，她或他就成為一個行動者，且當我們站上公共領域的舞台時，我們都瞬間變成了一名「英雄」而不再是個「nobody」。鄂蘭式的共和主義鼓勵著每一個人皆可像荷馬筆下的阿奇里斯：「行偉大之行，言偉大之言。」（HC, 25）

最後我們必須提起，主導「政治行動」的，乃是一種強大的「爭勝」精神。猶如之前談及鄂蘭對政治的界定時，我們提到政治的一個重要面向是「個體在他人之中求秀異和傑出的言行彰顯」，政治行動者要表現的，是我乃是在場他人中最為出色的。也就是說，在公共領域的條件下，鄂蘭所想像的行動是一種「普遍化的競爭」，幾乎可以說是在一個競技場上不同的公民以言語進行鬥爭，每個人都想贏得那頂唯一的詩人桂冠，鄂蘭明確地寫著：

躋身於這些少數的「平等人」（equals）之中意謂著被允許在同僚中之生活（to live among ons's peers）；但公共領域本身，即城邦，瀰漫著一股強烈的爭勝精神，在此每一個人都不斷地試著把自己與他人相區別，以獨特的行為或成就來顯示他乃是所有人中之最佳者。（HC, 41）❶

當然，鄂蘭十分強調公民之間的平等性。這對熟知「法律之前人人平等」的當代人不難理解，可是她對於行動「求秀異」的競爭精神對我們就十分陌生，甚至近乎刺耳。但我們必須了解，這不算是控制或主宰他人，倒比較像是「我想證明，同樣一首歌，我能唱得比你好」或者「我能敘述一則更精采的生命故事」等等，行動的競爭其實相當於一種「美學式」的個體展現，它沒有任何物質或權力獲得的目的。也許我們可以這樣說，行動的爭勝，無非出於每個人都想變成「first among equals」。

總結地說，鄂蘭一再地強調，行動就只是行動者「自我之展現」：行動者不是勞動者，他不受限於自然生命之必然性和重複性；行動者也不是製造者，他亦不受限於一種「有所作為的目的」，行動純就是只在他人的眼光及他人的傾聽中展現自我。行動除了「行動者在言行中的解蔽展現」（the disclosure of the agent in speech and action）（HC, 175），別無任何其他的目的或動機，所以行動恰如表演藝術中的舞者或演員，「其唯一的『產品』（product）就是表演行為本身」（HC, 207）。換句話說，「在行動與言說的同時，人顯示出他們是誰，積極地揭露他們獨特的個人認同，由此顯現在這個人類世界之中」（HC, 179）❷。這便是鄂蘭所定義的純粹政治。

政治行動前方常見的危險

離開本節前，我們必須提及對人類行動的威脅。

對政治與其相關行動最大也最常見的誤解及扼殺，在於將人類設想為「工作者」而非「行動者」，也就是以「製造」活動來取代人的實踐，這樣的信念主要來自於錯誤地認為「人所製造的產品遠比……他是誰來得重要」（HC, 208）。此外，在現代化和資本主義的勢力主宰下，只有具體的產品還有可見的利益收入才是唯一重要的存在，彰顯自我的言行則被視為「毫無生產性的無用性」（idle uselessness）（HC, 220）。對反於此，鄂蘭的政治觀具有高度的理想性及鼓舞性，強調個人秀異的追求與彰顯，筆者認為這樣的思想能維持每個年輕人心中最初的火花，而不隨著時間或大環境，輕易淹沒在人世間的俗務之中。

另一重要的危險就是將「製造」取代「行動」，也就是政治行動者將自己設想為一「工作者」，從而將製造所獨有的「因果」範疇帶入政治。在種種極權專制的意識型態中，我們常看到將人當成某種「產品」的現象，也就是政治變成實踐某目的之手段，正如我們常聽到的「打造新人類」或「建立新社會」等等的口號，這不但錯誤地理解政治行動，更常以目的證成手段，正當化暴力的使用。正像我們之前所提述的，製造是對自然的違反及暴力性的加工過程。將製造者當成行動者的最大危險就是將人視為某種「原物料」，需要國家機器或政治運動的種種「暴力性」改造。

◆行動的脆弱性及補救

鄂蘭對行動的現象學式描述，也將她的眼光帶向政治行動的獨特性與脆弱性。鄂蘭認為行動常常會給我們帶來三層面向的挫折，即其「結果的無法預測性」（unpredictability of its outcome），其「演變過程的無法逆轉性」（irreversibility of the process），以及「作者的匿名性」（anonymity of its authors）（HC, 220）。

首先，鄂蘭特別指出行動必然會落入或在一個「已經存在」的「人類關係之『網』」中發生（HC, 183-184）。行動者所必須要「警覺」且

「接受」的是，任何的行動所展現的生命故事必然與「他人」和「他人的生命故事」相接觸、相互影響，我們無法完全預知或控制它們在人類事務之網將帶來何樣結果；在日常生活中，我們會說「我不知道為何事情會變成這個樣子！」指的正是行動這般的特性。所以鄂蘭格外強調，我們如果是行動積極意義下的「作者」（actor），我們必然也是行動消極意義下的結果「（苦果）承受者」（sufferer），意指我們無法「擁有」或完全「占有」行動將會帶來的後果，我們只是生命故事的「做者」（doer）或者只能是其「可能結果的作者」（the author of its eventual outcome）（HC, 185）。

我們十分同意鄂蘭所說的，「做（to do）與受苦（to suffer）是同屬於一枚硬幣的兩個相反面向」，因為任何一個單一的行為都會引發數目上無窮盡的後果，每一個反應又引起無限的反應鏈，指的就是這種「人類相連性的無窮盡性」（boundless of human interrelatedness）（HC, 190）。行動所內含的人類事務「脆弱性」（frailty）及其帶來的「挫折感」即在於「行動幾乎不可能達到它的原初目的」（action almost never achieves its purpose），因此在這樣的狀況下，「無人是自己故事的作者或製造者」（nobody is the author or producer of his own life story）（HC, 184）。所以對鄂蘭來說，行動有一種「內在的不可預期性」（inherent unpredictability），行動的最終結果只有到其盡頭才能看見，而這常代表所有當初的行動者都已過世，因此只有說書人或歷史學家才必然知道或看得見行動者當時所看不見的（HC, 191-192）。

勇敢有助於人航向公領域

相對於人類行動這樣的危險及脆弱性，我們可以了解，很多人願意只待留在私領域而不願意走向公領域去承受公共事務及人類關係的複雜性和不可掌握性，這種情況就好像人希望只待在安寧的私人之島，而不願揚帆駛往如汪洋大海中的公領域去冒險。足見由私到公，人需要的德性是「勇敢」。勇敢地面對公共領域的不確定性，這是為何我們可以說

「勇氣」幾乎是鄂蘭思想中的首要政治德性，鄂蘭強調：

> 離開家戶領域，為了要進行某種探險及偉大的事業，之後為了要將自己的生命貢獻給城邦事務，這需要勇氣，因為只留在家戶領域的人只關心自己的生活及生存所需。任何進入政治領域的人所首先需要的是願意冒自己生命的危險，對自己生命太強的愛惜會阻礙自由，它是一種奴隸性的跡象。勇氣因此成為最具代表性的政治德性。（HC, 36）

在另一處，鄂蘭也寫道：

> 即使是離開我們這個受保護且安全的家而進入公共領域也需要勇氣，並不是因為有某種的危險在等待著我們，而是因為我們到達這樣一個地方，在這裡對生命的關懷失去了它的有效性。勇氣讓人們

從對生命的憂慮中解放出來以追求在這個世界的自由。勇氣是不可或缺的，因為在政治中，並非是生命而是世界才是我們的關懷所在。（BPF, 155）

總而言之，行動者的心態是願意承受向他人開放的危險，讓自己行動的「意義」與「後果」進入一個行動者所無法控制及預測的人世間網絡之中，行動的「不可預測性」和「不可逆轉性」使行動具有一種內在的「脆弱性」。行動終究不同於製造，它無法單獨進行，它無法預料結果，它不必然帶來成果，連其意義也需歷史學家以後設的觀點來敘述、解釋，因此人需要極大的勇氣才會願意進入公共領域，並承擔行動不可預期的後果。

行動的羅盤：節制與勇敢

行動其實還需要另一項幾乎與「勇氣」相反的德性，即「節制」。

與人類事務之「脆弱性」相反的是，鄂蘭強調行動具有一種「特殊的生產性」（productivity），它「總能建立新關係」的能力，行動會「強迫地打開所有的限制以及摧毀所有已存的疆域界線」（HC, 190）。就像之前所提及的，行動中內在地具有「不可預測性」，行動所內含的任意性可以打斷種種因果鏈，它無法被「原因與後果」的語言所解釋，這是為何鄂蘭會說，行動創造的是一種「奇蹟」。因此相對於行動這樣的能量無限性，人需要的德性是「節制」（moderation）（HC, 191）。

行動是一種「開端啟新」的能力，既然是「新」，行動可能給我們帶來始料不及的失望和挫折，因此我們需要「勇氣」；同樣地，既然是「新」，行動可能給他人帶來沒有預期到的傷害和影響，想到此點，我們需要「節制」，因此行動者的兩項主要德性即是「勇敢」與「節制」，看似矛盾的倫理要求其實在鄂蘭的行動理論中是緊緊相扣的。

◆行動的救贖：承諾與寬恕

在鄂蘭「勞動」、「製造」與「行動」的三分法中，作為「勞動動物」的人陷於無限生理循環的重複，其救贖是「製造」所帶來的事物及世界的恆久性；作為「製造者」的人為了擺脫功利主義無盡的因果考量，其救贖是「行動」的創新性；而「行動」的救贖，就只有「行動」本身。在此鄂蘭特別提出「承諾」與「寬恕」，以超越「行動」的「不可預期性」及「不可逆轉性」。

這兩項德性乃是回應人類行動的基礎「多元性」而來，它們能「尊重」並「維持」多元性這樣的人類條件，以及「承擔」多元性這種人類條件的種種（負面）後果。也就是說，在鄂蘭眼中，行動的危險及脆弱性不能付諸於一種更高的人類能力，它只能來自於行動本身。行動的危險及脆弱性僅能由兩種特殊的行動來加以超越，即「承諾」與「寬恕」，因此在《人之條件》第三十三節，她處理的是「行動的無可逆轉性與寬恕的能力」（irreversibility and the power to forgive），以及在第三十四節處理「行動的不可預期性及承諾的能力」（unpredictability and the power of promise）。

真正的行動需要做出承諾並付出寬恕

首先，在第三十三節中她一開始就表明，行動的「無可逆轉性」指的是我們「無法中止我們的所作所為，雖然我們無法也不能知道當初我們所正在做的是什麼」（HC, 237），[3]在此她以耶穌所說的「他們不知道他們在做什麼」為例，說明「人仍然是自由行動者，只有當他們能不斷地從他們所作所為之中解放出來，只有當人不斷地願意改變他們的心態以及再次重新開始，人才能被賦予開創新局的偉大力量」（HC, 240）。[4]

與寬恕相反的心態則是「報復」（vengeance）。基於這種心情的行動不是真正自由的行動，只是一種「反動」（re-act/reaction），將行為侷限於之前錯行的框架中，而只有基於寬恕的行動才是自由的，它才是一種無法預期的重新開始（HC, 241）。

其次，在第三十四節，鄂蘭認為行動的不可預期性就像「不確定性的大海」，立承諾和守信諾便就成為一座「安全的小島」。相較於寬恕在公共領域的稀少性，且被視為是一種不切實際的能力，「守信約」一直在西方政治與文化傳統中占有相當的重要性，如羅馬法對合約和條約之不可違反性的尊重以及宗教中亞伯拉罕與神的立約，還有哲學家尼采將「定約」視為是人與動物之主要分別等等。這都說明了立約與守信，對人類事務之不可預測性有相當的制衡力量。

以承諾立約，面對不可預測的未來

人必須以信守承諾這般行動來回應的「不可預測性」有兩個主要的原因：

第一、「人心幽暗」（the darkness of the human heart）。我們永遠無

法知道今日所答應之事，明天將會如何。

第二、來自於行動的自由性。也就是說我們不可能預知一次行動的後果，因為在一個由平等個體組成的社群中，每個人都有平等的行動能力。❺這是人類擁有「自由」和「多元性」這些人之條件所必然要付出的代價（HC, 244）。

但鄂蘭也特別指出，當信守承諾的能力被利用為對未來的整體性規劃，或者變成一套設計種種先定的程序時，它就失去了它的意義。因為這樣的立約、守約，妨礙了行動所內蘊的自由及開創新局的能力。

另一類更重要、更常見的誤用，就是「社會契約論」式的守約（如霍布斯）。這種為了「統治」目的而來的契約只是依賴主權者的絕對力量，以強制性力量來保證契約的執行及懲罰違約者的權力。此種契約追求的是個人的安全以及驅逐對未來的不安全感，因此對自由行動的開展可說完全無關，甚至是有害的。

| 第八章 |

「自由」

自由是去「做」，
而不只是「有」。

◆政治與自由的關係

政治是保護了自由，還是妨礙了自由？

「政治存在之理在於自由，而自由的經驗領域乃是行動。」（BPF, 145）在這裡我們明白地看到，自由不但是鄂蘭政治思想的中心，政治與自由、行動更有一種緊密的相連關係。

鄂蘭認為，針對於「政治的意義為何？」這等問題，有個淵源流長的回答是：「政治的意義在於自由。」（1995, 64）。然而現代性的政治經驗完卻徹底反轉了這個回答，政治變成是自由的反面。許多人認為自由只出現在政治不存在之處，也就是，有政治在，我們就失去了自由。這種想法有底下兩個原因：

一是極權主義的政治經驗。在極權專政下，人的自由完全被摧毀，人們自然會開始質疑政治與自由的相容性。

另一是現代國家所擁有的毀滅力量，最好的象徵即是「原子彈」，不僅招致人類自由可能不存，猶且使整個人類的生存受到威脅。這樣的擔心滋生出某種想法：人類必須以「理性」逐漸地將政治排除在人性之外，否則政治的存在就代表著人類有一天會全部於地球上消失（ibid., 65-66）。於是漸始有人想像一種理想主義，它建立在人類進步和理性的理想上，相信人類可以用理性建立起一「普世性的政府」以取代現有的主權國家，這種世界性政府的行政機器能夠處理並解決所有的衝突，而警察將取代現有國家的軍隊（ibid., 46）。

鄂蘭所試圖去做的，是重新建立「政治」與「自由」的關係，讓自由再次成為政治的核心及存在理由。這便是表明，有政治才有自由，或者說，有真正意義下的政治領域，人們才擁有真正的自由。

沒有起而行就沒有真自由

在進入細部分析前，我們可以大概地說，鄂蘭既反對「主體式」及

「內心式」的自由，也反對消極意義下的自由觀念。自由非個人的意志決定，同樣也不是一種「權利」，「不受干涉」或「不被強迫」的負面式自由鄂蘭並不反對，但絕不是其自由理念的核心。

年輕朋友常聽到「思想自由」、種種權利保障的「自由」，這些用法都與鄂蘭的想法相反，因為她的自由觀是一種**「外顯」式的「做」**，自由不在「我」先有了「自由」去「做」什麼，相反地，自由不在某種「做」或「行動」之前或之後，自由與行動永遠是同時同步的。

若我們拿音樂作例子，許多傳統的自由觀將自由視為一種「權利」，彷如一張卡拉ＯＫ的「入場券」，我們有了這張門票，可以自由地決定要不要去花時間前去，但不管最後我們決定要去唱歌還是去做別的事，我們都是自由的。然而鄂蘭認為自由不像是「門票」或「入場券」，反倒有點像「體驗券」，重點不在有沒有權利參加這場卡拉ＯＫ，而在真正上台試試自己的歌喉。有了體驗券卻不去體驗，僅僅代表著手裡握的只是張廢紙，缺乏行動或真正的經驗不算是自由，只有我們真正在「唱」的時候，我們才是自由的。於此鄂蘭更會想，只有當我們把自己的拿手歌唱到完美，進而獲得在場朋友的滿堂采時，我們才算是真正地自由。

◆對傳統自由概念的批判

真正的自由不是意志自由，也不是消極自由

鄂蘭認為在西方的哲學傳統中，自由被想作是一種「意志」和「選擇」的自由，這是西方「自由意志」的大傳統，接著基督教出現後，「意志自由」更進一步被視為在既有的善與惡之間作抉擇的自由。

與西方哲學傳統與基督教強調自由是一種「內心體驗」的主張相悖，鄂蘭全然反對這種「內在自由」的想法。她直言：「與政治學相關的自由（freedom）並不是一種關於意志（will）的現象。」（BPF, 150）她還指稱，「我們在此項議題上的理論都被此觀念所宰制，即自由是意

志與思想的一種屬性而不是行動層面的。」這樣的謬誤表示出我們每一回行動背後都有「一股進行認知活動的理智」與「一股發號施令的意志」（a command of the will），它也慣常地認為「『完全的自由與社會的存在是無法相容的』，意即完美的自由純只在人類事務的領域之外」（BPF, 153-154）。總而言之，西方傳統的哲學及宗教將自由與「意志」、「內心世界」相連，其後果就是完全切斷了自由與行動的內在連結性。

另一理解自由的方式則是自由主義「消極自由」的概念，意即自由是我所意欲之事，不被外在某種具體的強制力所阻礙。這種思考方式傾向於認為，如果沒有被某種力量所妨礙，我即是自由的；即使我選擇不使用某種權利，比方說不加入任何團體或不參加任何遊行、抗議或街頭運動，我仍然享有完全的「集會結社自由」，因為沒有任何的強制力可以合法地阻止我使用這樣的權利。

鄂蘭這番自由的定義，徹底對反於自由主義的消極自由的傳統，以及基督教從個人內在性角度所理解的自由。鄂蘭式的「自由」是一種「政治自由」，是「外在」與「外顯」的，是與「他人」、「多元性」、「人類共同世界」及「行動」互有相關的。

真正的自由不是內在自由，也不是野性自由

由於深受海德格現象學的影響，鄂蘭在本體論上持一種「顯現即存在」的立場，並不追求那種看不見的內在本質，畢竟所謂的外在顯現即代表真實存有。因此鄂蘭藉由「自由」觀念所要驅逐及批評的，乃是一種將「自由」等同於「個人內在意志之自由決定」的傳統解釋，從她的角度，愈將自由與「獨我論」、「個人意志」、某種「內在性」相連，對自由的誤解就愈大愈深。也就是說，這種「從外在人類共同世界中的撤離到單獨個人的內在意志」的詮釋方向完全錯到底，邏輯上必然導向對「共同性」和「他人之多元性」的否認，也導致具體「行動」的癱瘓。這是為何她批評西方政治哲學傳統時說道：「我們的哲學傳統幾乎

一致地同意，自由只開始於當人離開與他人互動的政治生活領域之時，自由不是被體驗成一種與他人互動的聯結，而是一種我與我自己的對話。」（BPF, 155）

與之相連的第二項批判焦點是鄂蘭拒絕將「自由」與「主權性」畫上等號的立場。鄂蘭認為**獲得自由就等於放棄主權**，我們很難想像這樣的立場，常常我們都從一種「自然自由」及「野性自由」的觀點來看待自由，即「只要我喜歡，有什麼不可以！」然在這般觀點下，自由被視同為個人意志的完全伸張，我們也常將「非主權性」的狀態視同為某種依賴或自主性的喪失。但鄂蘭卻主張，「獲得自由」即意謂著「放棄主權」，因為鄂蘭式的自由，其基礎是與他人的共在與分享，是在共同世界中以政治行動開創新局，有能力在公共領域以具體的言行來展現政治權力和個人獨特性，並與其他平等公民溝通、討論，以說服達致他人的同意。

由這個角度，鄂蘭反對「自由」是一種個人基於「意志自由」所展現的主權性的獨斷決定。也就是說，基督教的「內在自由觀」與自由主義基於不受外在侵擾的「消極自由觀」，皆不約而同地預設了個人自由意志的「絕對性」與「擺脫性」，我即是最大「權力」之所從出、我即是最高「權威」之所從出，這是鄂蘭所反對的。

◆鄂蘭對自由的詮釋

真正的自由是一種動態的實踐行為

鄂蘭的自由觀強調自由等於「**政治自由**」及「**行動的自由**」，前者強調自由是一種政治現象，後者強調自由是一種實踐行為。

首先，就像之前所強調的，鄂蘭式的自由是一種「做」，她很清楚地說：

> 自由的出現……與展現式的行為是一致的。人是自由的……只當

他們行動時，自由不在行動之前也不在行動之後；成為自由的與行動是同義詞。（BPF, 151）❶

由是與自由主義的理論及西方自由民主的實踐相比，鄂蘭並不反對「權利」所代表的自由。正如德國思想家威爾默（Albrecht Wellmer）所指出的，對她而言，這些權利並不能與自由相等同，它們並不是自由，這些權利不能被視為是政治自由的「**實體存在**」（substance），僅能視之為政治自由必要的「**先行條件**」（precondition）。❷

因此自由是一種「外在」及「外顯」的「做」或「行動」，而它預設了一個讓自由得以可能的「空間」。在詮釋希臘的政治思想時，鄂蘭指出：「對這種政治自由占決定性因素的是，它與一個空間緊緊相連在一起。」（1995, p.78）政治自由之得以出現的空間就是希臘人所說的「公共廣場」（ibid., p.79），一個平等個體群相遇並相互溝通說服的場域。要理解鄂蘭的自由觀，就必須得記住自由與「他人的在場」緊緊相連，「自由與生活於一個城邦是同樣一件事」（ibid., p.76）。猶且自由不但是一種「行動」，它更應被視為一種**主體相互共同行動**的自由。所以政治的真正意義之一就是維持一個可以讓自由存在的領域或舞台，在這樣的政治空間中，自由不是一種理論或權利，當是一種具有世界性的現實（worldly realty），在這個空間中，自由行動的言行可以被聽見、被看見，可以成為被討論、被記得的事件（BPF, 153）。也就是說，鄂蘭對自由的詮釋與之前的「政治」及「行動」、「公共領域」是完全連通的，自由是政治自由，是在公共領域中的實踐行為。

另一值得強調的是，為了理解鄂蘭的自由觀，必須掌握其思想的現象學影響。對自由及行動的追求是一種追求「顯現」的權利，在「存在即顯現」的現象學觀點中，自由的對反面是「被遮蔽」及「陰暗無明」。所以說，自由是一種在公共空間中被看見的展現，是一段「動態」的「解除遮蔽」過程。

在「原則」指導下的自由展現

鄂蘭也更進一步地描述這種政治性及實踐優先的自由觀。對她而言，自由是一種追求卓越及自我秀異性的實踐活動，自由不追求某種特定的目的，也不基於某種特定的動機，它只是要實現某些「原則」，如自我的榮耀或傑出。這是為何她說：

> 自由的行動既不是受理智的指導，也不是受意志的宰制——雖然任何一種目標達成都需要這兩者……它乃是源自於一種完全不同的事物……，它被我稱之為「原則」（principle）。……這些啟發性的原則只能在表現式的行為才能完全地被體現……這些原則是榮譽或光榮，對平等之愛，孟德斯鳩稱為「德性」，與他人不同，或卓越——希臘人稱之為「永遠竭力地去做到你能做到中的最好並成為所有人中的最佳者」。（BPF, 151）

鄂蘭認為行動所體現的是代表某些德性的原則，並把自由與行動緊緊地相扣連。她更進一步地認為自由行動所展現的德性及所追求的卓越，就是一種「表演藝術」中的卓越，所謂的「技藝的精熟」而不在於某種「產品的製造」，這是為何希臘人以吹笛、跳舞、航海、音樂家、為人治病等等的隱喻來說明政治活動與其他活動的不同，這是為何政治被視為是一種「藝術」（BPF, 151-152）。從這個角度，自由的觀念總結了鄂蘭關於「政治」及「行動」的觀點，自由是一種在公共領域中以言行表現的「做」或「實踐活動」，將相互說服的言行彰顯以完美方式表現出來。

回到之前的例子，自由不應被視為是某家卡拉ＯＫ店的入場券，而該是一種將自己的拿手歌唱到最好，唱到獲得滿場聽眾無異議的讚賞及認同。唱得好，就是唱歌的理由，而不是要成為職業歌手或結交朋友等等的實質理由，唱歌的存在之理就在唱歌行為本身，也就是說，自由不是指「我可以唱歌」，而是「我正在唱歌」且「我唱得好」。

| 第九章 |

「權力」與「權威」

像歐巴馬說的「Yes, we can！」

◆鄂蘭對權力觀念的論述

鄂蘭關於權力、權威和自由的定義，來自「雅典」、「羅馬」及「費城」這三座城市所發生的政治經驗。換言之，鄂蘭對於權力的重新定義，有三個思想上的源頭：古希臘城邦的權力運作模式、古羅馬關於權力和權威的相分離與相支持，以及美國擺脫英國統治的十三州自治經驗。

權力存在於眾人的協力行動之中

我們首先要注意的是，鄂蘭完全不認同傳統如「權力使人腐化」或者「權力向來具有某種程度暴力」的權力觀。由思想史的角度，**她尤其反對以盧梭為代表的將「權力」與「絕對主權」相等同的理論，也就是說，任何將權力視為是「絕對主義」的意志展現**，不管這般權力是由人民、君主或總統、總理為媒介，都是鄂蘭所反對的。畢竟任何單一個人或制度擁有最高的權力，對鄂蘭而言就是一種「專制」政體。例如我們常常認為，人民的聲音在某次選舉或某次公民投票中的展現便是最高權力的象徵，沒有任何的權力機制能有更高的正當性。這樣的想法儘管不算是錯的，但重點是我們常常把「最高」及「唯一」相連在一起，而在思考上不習慣將最高權力與「多元」或「分離」相結合，比方說我們不習慣去想像有「幾個」最高權力，抑或把最高權力「分散」的觀念，這卻是鄂蘭權力觀的一大特色。

若先用個概略說法讓讀者了解鄂蘭的權力概念，我們不妨說，她的權力觀念與直接扣連其關於「政治」及「行動」的論述。顛覆了種種流行的見解，鄂蘭並不認為權力長存於某些權力制度或權力機構中，權力也不像法國哲學家傅柯所說的「權力無所不在」，權力不自限於國家機器之內，也與任何形式的暴力沒有相關。對鄂蘭而言，權力是一種「短暫易逝」的現象，它只出現於政治領域，只出現於在公共場域中人們集結並行動時，所以對鄂蘭而言，「政治」無異於**具體的**「行動」，而

「行動」就是自由和權力的展現。這是為何她說：「所有的行動都是協力合作的行動（act in concert）。」

從這角度去看，對鄂蘭來說，權力因此不是某個個人可以占有的，權力只表現於平等個體自發地形成一個群體，以集體性協調地進行某種政治行動。由此出發，鄂蘭式權力奠基於對公民和人民能力的「信心」，任一公民或革命時期的政治共同體，他們應當有這樣的信心及能力，將自己的力量轉化為一種集體性的權力以追求自由、擺脫宰制。

曇花一現般的權力

然而相悖於這種對人民和人民權力之信心，即便她認為權力不會被摧毀或完全的扼殺，權力多是短暫勝於長存的。在鄂蘭的理論中，權力無法被儲存起來或將之彌封留待下次出現，權力只以「實現化」（actualization）的形式存在，「當權力沒有被實現化時，它即逝去，而歷史充滿了這類例子說明，即使是最大的物質豐盈也無法彌補這般的失去權力。權力只在這樣的時候被實現，只當言語與行為沒有被分離開來，只當言語不是空洞而行為不是粗暴的，只當言語不是被用來遮掩企圖而是揭顯真實，猶且行為不是被用來違反、摧毀關係，而是建立關係與創造新的現實。」（HC, 200）當代的讀者，需要時間來適應這種與我們熟知的政治慣習截然不同的權力觀，因為鄂蘭獨特地主張權力是罕見易逝的。權力具有一種「短暫性」：「權力湧現於人們之間，當他們因為了行動而集結起來之時，權力亦跟隨著人們的四散而消失。」（ibid.）❶

我們在此可以引用江宜樺教授的分析，好讓讀者更容易了解這般權力理論：

> 她（鄂蘭）的權力觀念完全不同於一般流行的見解，而是根據古希臘羅馬共和思想所整理出來的一種概念。她說：「權力不僅相當於人類的行動能力，而且是指協力合作的行動能力；權力絕不可能專屬於某一個人，它是屬於團體所有。只有當團體聚集在一起時，

權力才能維持存在。」她對權力的定義其實與她在其他著作中對於「行動」與「自由」的界定息息相關。權力萌發於人際之間，是人們集體行動的徵象，也是促使公共領域存在的因素。這種權力概念必然是變動不居、無法衡量。只有當語言未流入空洞欺人，而行動也未淪為摧殘世界的殘酷工具時，權力才算是以原始面貌真實呈現。它不是宰制關係，它是政治之所以為集體行動的一種質性。（2005: 27）

我們不難看出鄂蘭對權力的解釋與其「政治」觀、「行動」觀、「自由」觀是一致的，真正的政治是罕見稀少的，公共領域只出現於平等公民相互聚集之時，而自由又是一種具體的實踐行為。所有這些觀念都把我們導向其權力概念，也就是權力是平等公民們的行動展現。所以總結地說，鄂蘭對權力的信心及特色，可以用前美國總統歐巴馬的競選口號來理解：**權力就是一種對「Yes, we can !」的相信與具體實踐。**

◆分散和多元式權力觀的制度設計

權力只能是不同平等公民的一種集體行動，所以權力的本體論基礎在於人類的「多元性」，鄂蘭由此認為權力具有「可分性」，權力本質上是分散的，而這種多元分離的性質並不會摧毀權力，不像盧梭所說的，代表人民的「普遍意志」（volonté générale/general will）是單一且不可分的。鄂蘭在政治制度設計上因此尤其偏好「權力分立」和「聯邦制」的制度設計，她並不認為分散的權力容易導致相互抵消或種種無效率的空轉。相反地，鄂蘭主張：「權力可以被分割而不減失其力量，而不同權力間的牽制與平衡的互動甚至會產生更多的權力。」（HC, 201）[2]

析論美法革命的權力實踐

在《論革命》這部重要著作之中，鄂蘭讚賞美國革命卻批評法國革命的緣故，也是因為在美國及法國實踐了兩種完全不同的權力觀念和實踐：鄂蘭之所以讚賞美國革命，是因為美國開國諸父相較於法國大革命者對「權力」有大相逕庭的想像，他們把權力想成具有能由下往上不斷「增疊」（increase）的特性，經由良好的制度設計，權力的分立與制衡非但不會限制權力或讓它們相互抵銷，反能維護彼此個別權力的完整性並催生更多的權力。在美國的開國經驗中，在制定聯邦憲法之前，各州即已有各州制定的州憲法，它們來自於各種地方的民間議會；而聯邦憲法的制定，乃是從下往上，一層透過一層建立起來的，從「次級權威」中汲取它的「總權威」。換言之，真正的權力原是可藉由開放又平等的自由空間來接納更多異見，這樣的包容過程不但不必然削弱權力，反倒增加了權力。

相反地，鄂蘭反對歐陸以法國為代表的主權原則及無限權力的觀念，即「最高權力」是單一且不可分割，**而它不需也沒有任何的反面制衡能力**。鄂蘭認為這種權力觀最終導致了恐怖統治及對人民自由的扼殺，美國革命則成功地建立了一種全新的權力系統，明白地區分「共和」與「民主的多數統治」；這個憲政所確定的國家不必像歐陸的現代國家一樣，以統一、不可分割的主權為基石，而是以「權力的結合」（the combination of powers）為取向來形成的「聯邦原則」（the federal principle）。[3]這也是為何鄂蘭相信，個人的權力不會消失在集體的權力之中，反而可以與它同步增長。

鄂蘭的權力觀，與我們常聽到的「主權」觀念是完全不同且不相容的，即認為主權是一種單一及最高的權力。這樣的觀念從十六世紀的英國思想家布丹開始，後在十八世紀法國的盧梭思想中發揚光大，從其內在本質來說，主權觀是一種「絕對主義」：主權是絕對的，在這裡，所有的是非對錯都不再適合，也不再有討論的空間，主權必須被尊重、被服從。例如：在我們十分熟悉的自由民主選舉制度下，如果甲黨獲勝，拿下國會多數席次，這即是人民作為主權者的意志展現，國家此時必須由甲黨來統治，而不再追問是否甲黨比乙黨好？或是否甲黨的政見是錯誤的等等問題。相對地，我們可以說鄂蘭的權力觀屬於「多元論」及

「共和主義式」的權力想像，她毫不遲疑地批判主權式的權力觀，甚至主張在人類事務中，「主權」與「暴政」是同義詞。換言之，由於對法國思想家孟德斯鳩的欣賞，尤其是其「權力分立」的觀念，鄂蘭認為美國開國諸父最重要的成就之一就是在整個政治制度設計中，成功且具有一致性地取消了「唯一且絕對的主權」，如此主權不再集中在同一個制度，也沒有任一機構具有最高權力。

◆鄂蘭對權威觀念的論述

之前提到，一般人很習慣將政治權力與「主權」相連在一起，在主權和任何的「絕對主義」中，最高的權力就是最高的權威，許多人相信且認為，人民的聲音就是「最高的權力」也是「最高的權威」，兩者是等同的。也就是說，無論在政治理論與現實世界中，某種居主流的觀點強調「最大權力」與「最高權威」的最終合一性。比如在民主體制內，我們會說也常聽到，即使是一個代議政府，由各種專家進行實際的治理工作，「人民」仍掌握最終及最大的權力，因為「人民」的意志是權力的來源及其運作的正當性基礎，是人民的聲音，而非專家的意見。總之，我們常認為，最大的權力同時就具有最高權威。

然而鄂蘭多元分散式的權力觀也表現在其關於權威的論述，將「權力」與「權威」相分離，因此要更好地理解其政治理論，我們必須得介紹鄂蘭關於「權威」的論述。

關於權威的本質

鄂蘭相當清楚地區分「權力」與「權威」，她十分反對此兩者的混合。鄂蘭指出，權威既然要求人們的服從，便具有某種強制性，它因而常常與「權力」、「暴力」相混淆。於是她特別強調，權威不同於「來自於強力的壓迫」，也不是「來自於論辯的說服」，意即只要有「力量宰制」或「論理說辯」，權威就不復存在（BPF, 92-93）：權威既不同於

「暴力」，也不承認一種「平等」性的關係。

那權威是什麼呢？在她的詮釋中，「權威」概念的歷史根源來自羅馬，因為即使是希臘人也缺乏這樣的觀念。鄂蘭從權威的字根來說明，所謂的權威「Auctoritas」，來自於「Augere」，即「議論」（augment），而年長者或權威施行者所議論及所試圖保存的就是過去的奠基性經驗（fondation）（BPF, 121），其最具代表性的就是羅馬的建國回憶和美國的開國經驗。

鄂蘭認為我們利用羅馬的政治經驗在現在世界中重建「權威」概念，而羅馬的權威觀來自於對城邦創建經驗的回憶及再詮釋。換言之，權威將我們與一段重要的過去和創建經驗保持相連，不至於斷裂或遺忘，今人的行動因此有著過往者與過往偉大經驗的「加持」或「精神上的支持」。

權威為什麼重要？因為權威維持了一個共同世界，且讓我們有一種歸屬感。也就是說，權威源自對於這個共同居住世界的責任，它的存在與維繫就是打造一個能讓古老傳統能夠延續、讓新生者可以創新的世界。對鄂蘭來說，權威是共同世界的「引導」和「支柱」：「權威」讓新舊世界得以連結；「權威」讓傳統中的重要記憶得以保存及不斷再生；「權威」透過一種「啟發」而非「命令」的方式，讓新到者融入其所在的世界，使她或他有歸屬感、存在感，讓其行動能有整個過去的加持（BPF, 123）。

羅馬經驗中的深刻智慧

另一方面，權威也是共同世界的礎石，以奠基的方式為人類世界帶來某種永恆性與持久性。權威之所以重要，是因為它提供了一個讓人可以一再回顧及重思的基點，讓人們藉由回顧過往而得以重新肯定、認識所建立的連結關係，並激發人們繼續肯定及擴張這個基點所曾成功建立起來的結果，就為它能不斷地激勵後人再次地協同行動。

依循羅馬這套奠基經驗的理解，鄂蘭認為「開端」（beginning）本身即帶有某種「原則」（principle），開端與原則是相互關連又相互生發的（BPF, 212）。原則指的是行動的典範，它不但能激勵行動者依此行動，而行動者的行為也再次彰顯了那個隱含在開端中的原則，也就是說「原則激發行動，行動聽從原則」（BPF, 213）：對根源的回顧，成為了實踐行動的依據。

與此相關的另一個羅馬經驗之特點，乃是將權威理解為一種三位一體，即「傳統、權威與宗教」：權威代表了一種傳統，招喚著人民的信從。權威遂便不等同於實際的「權力」運作，因為「傳統－宗教－權威」主要在保持政治自由的恆久性，使基本的政治價值不至於在實際治理過程中被遺忘，這是為何羅馬人認為「權力歸於人民，而權威歸於元老院」的理由所在。

當代讀者需多花點時間去適應、習慣和嘗試理解的是，不同於一般將最大權力與最高權威等同視之，鄂蘭所詮釋的權威並不具有任何的權力，它無法在具體及實踐上強迫我們做任何的事。如同在古羅馬的政治經驗明白區分「權力」與「權威」，鄂蘭在「權力屬於人民，權威屬於元老院」的引述中，認為政治實踐者是聽取建議的實踐者，而權威如元老院乃是給出「不容忽視的建議」的人，它的原則就是「多給建議，少下命令」（BPF, 122）。她也特別強調權威的施行者「沒有任何權力」，他們的權力如孟德斯鳩所微妙地表達的，其權力「幾乎為零」（somehow nil），「年長者之議論的權威性質來自於它只是一個建議，它不要以命令或外在強制性的形式來被聽見」（BPF, 122-123）[4]。

因此權威不同於外在的強制性，建議者與行動者也不是統治者與被統治者的關係。權威擁有者只是要保持和關照關於過去重大奠基行動的記憶，他們是要保存過去的力量，而不是幫下一代建立一個新世界，否則就是剝奪了新來者創造新世界的機會與希望（1961: 177）。權力與權威的相分立，就此確保了行動能得到權威的支持，卻不因權威的強制性而失去了行動的可能性。

權威與權力分離，共創長治久安

鄂蘭這種權力和權威的觀念，完全對反於另一個當代的德國思想家卡爾．施密特，後者認為政治是主權者的一種「決斷」，權力好比是主權擁有者的一種「無中生有」的創造及決定。相反地，鄂蘭的權力和權威觀是一種對過去重要經驗的再創造與再詮釋，權力的行使加上權威的存在，乃表示任何的政治行動及對自由的追求都立基於過去重要他人的「精神加持」。

就實務層次而言，其權威觀導致了鄂蘭對美國制度的讚許。她認為美國的開國諸父對「最高法院」的設計，實為「權威」在制度上保留了一個重要的位置，並跟「權力」和行政權清楚地分開來，而藉由最高法院對憲法的詮釋，後代子孫不至於遺忘開國先賢所念茲在茲的種種基本價值，以此確保一個政治共同體的穩定性與恆久性，如此權力和權威的相分離又相支持才是一個國家長治久安的祕密所在。這種關於權威的理解，其實是共和主義關心政治社群之「永存性」的典型特徵，鄂蘭認為只有權威獨立於人民的多數意志之外，兩者相互分離後，良好治理才能夠長長久久並與時俱進。

| 第十章 |

邪惡的平庸性

惡行竟不來自於惡人！

◆鄂蘭親身見證歷史之惡

納粹戰犯艾希曼被捕

一九六〇年夏天當鄂蘭與丈夫度假時，她在《紐約時報》看到一則驚人的消息：納粹頭子阿道夫．艾希曼在阿根廷首都被以色列的情報人員綁架，而他即將於耶路撒冷接受一場史無前例的大審。身為猶太人的鄂蘭隨即向當時的《紐約客》雜誌要求以特派員身分，赴以色列首都參加這場世紀大審。她後來在《紐約客》雜誌上以五篇特稿的方式記錄了她的觀察、分析與心得，經過兩年，一九六三年她出版了《在耶路撒冷的艾希曼：一個關於罪惡平庸性的報告》（*Eichmann in Jerusalem: A Report on the Banality of Evil*）。

艾希曼的受審在當時引起非常大的爭議：首先，艾希曼作為納粹的戰犯，在以色列受審是否適當合理？這是不是只淪於一種「報復者的正義」？是不是應該要設一個國際性的法庭來公平地審理艾希曼？鄂蘭與其師雅斯培首先主張應有一個國家性法庭來處理這場審判，然而聯合國大會拒絕成立這樣的法庭，並在一九六〇年六月二十三日的決議案中認可了以色列的法律權力。

鄂蘭隨即在這個爭議中表明她的立場：以色列有道德上的正當性來審判艾希曼。她在此書中說道，從西元七〇年羅馬摧毀耶路撒冷以來，這是第一次猶太人可以自己審理關於迫害猶太民族的罪行，第一次猶太人可以不用等待其他民族以「人權」的角度來審判這些罪行。

一九六三年在寫給其友塞繆爾．葛拉芙頓的信中，鄂蘭提到了她參加艾希曼審判的三種動機：首先，雖然鄂蘭是以研究極權主義起家，但她仍想知道艾希曼這個活生生的極權主義參與者究竟是怎樣的一個人；其次，她想從法律的角度來研究艾希曼這種新型的罪犯及這種無前例的罪行；最後的一個動機是她對「惡」問題的持續關懷，鄂蘭說，她想去耶路撒冷是為了繼續她關於邪惡本質的思考。

舉世關注的大審判秀

我們可以先提及一些關於現實政治，即非關學術的立場和爭議。總的來說，鄂蘭認為艾希曼的被捕及審判其實只是當時以色列總理本古里安一人為牟自己政治利益的世紀大戲，以國檢察官霍斯納並不代表公平正義的國際法，只不過是總理的一具木偶。這是為何鄂蘭認為這場審判是一回「觀賞式的正義」，而這部「歹戲」的幕後導演正是以色列總理，由此促成整個審判在一座全新的戲院大廳中進行，並可透過電視實況轉播到全世界去，可謂國際司法史上的頭一遭。

對鄂蘭來說，這場審判僅有政治性宣示的功能，其目的是藉由再喚起六百萬猶太人遭屠殺的回憶，試圖打造一個凝聚「猶太人意識」的鞏固國家，也就是以色列。這是為何整場審判充滿了受政治利益所推動的道德、宗教甚至形上學的語彙（極端之惡、歷史法則、猶太人命運等等），艾希曼被以色列塑造成為某樣象徵：迫害猶太人的象徵、歷史證明正義存在的象徵、猶太人實現獨立自強的象徵等等。這是為何以色列總理會如此宣示：坐在審理席的被審判者，不只是艾希曼，不只是納粹政權，而是在歷史中不曾中斷的「反猶主義」。

另一項艾希曼審判的政治目的，則在於警告其他的阿拉伯國家：希特勒無法對猶太人所做到的，阿拉伯人最好也別心存妄想。它想傳達的訊息是，任何迫害猶太人者都會遭到反擊和報復。

所有這些現實政治的考量，都被鄂蘭認為錯失了艾希曼審判的核心意義。對她而言，艾希曼代表了一種新罪犯，或甚至是新人類的出現。這樣的人之所以可怕，完全不在於他們具有某種邪惡性或偏執，而在於，在一個完全正常平凡的表面下，是他們喪失了參與共同世界以及進行判斷能力。

◆爭議焦點：邪惡的平庸性

現在我們應可進入本書的核心部分，即鄂蘭關於「邪惡平庸性」的命題。在這場世紀大審中，最令鄂蘭驚訝的事實為，艾希曼幾乎能算是個所謂的「正常人」，鄂蘭用了許多段落來描述此一出人意表的「平凡性」：「艾希曼一點也不可怕」、「其所作所為雖令人髮指，罪犯本人卻是再普通不過了，既非惡魔也不恐怖」、「當艾希曼被帶到我面前時，我十分失望。因為他犯下無人性的罪行，我們內心期待將看到一個獸性之人。然而在他身上看不到半分魔性。他給人一種如同你我一般的尋常人印象」等等。在法庭作證的六位心理學家也證明艾希曼是「正常人」，甚至有一位心理學家認為，從心理學的角度，艾希曼的世界觀，比方他對太太、小孩、父母、兄弟姊妹、朋友的想法，不但是正常的，而且是值得讚賞的。

另一方面，艾希曼於納粹政體下主要負責組織、安排運送猶太人的相關業務，他並不直接參與屠殺猶太人的行為。因此，艾希曼與其律師的基本辯護立場就是著名的「齒輪說」：艾希曼辯稱自己只是上級長官及法令的執行者，只是龐大納粹犯罪機器中的一個小零件，自認從未犯下一樁明顯的罪行。相反地，檢察官試圖證明他在納粹罪行中占有重要的中心地位，艾希曼並不聽命於何人，他是自己的長官，是其他下級的長官。

如何解釋和定位這種「行政性的罪行」，因此成為此書的重點之一。鄂蘭的結論是，艾希曼無疑地是有罪的，主要因為他接受成為一個有罪或邪惡法律的執行者。他的「服從命令」就是一種接受與同意，雖然在當時納粹的時空環境下，服從被認為是一種美德，不服從甚至意謂著送命。

盲目的服從是一種美德？

鄂蘭主張，將「服從」解釋成美德，本身就是一種錯誤。服從尤其在政治領域中不應被視為美德，她說只有對著兒童我們才能談及一種純粹的服從，而當一個大人願意服從時，他們必然同時接受和贊同這道命令背後的權威或法律。

就鄂蘭的詮釋來講，艾希曼的例子之所以重要，不在於他犯的罪行，乃在於他代表了一種新型的罪犯，這類罪犯就人格來看是百分百「正常」，他們最大的不正常在於他們根本不知道他們正在犯罪。更精確地說，他們犯下罪主要是因為他們拒絕進行「思考」與「判斷」。艾希曼的平庸性及其特點就在於**他不能獨立思考**，他無法知道他正在服從一個邪惡不道德的法律。也就是說，艾希曼所象徵的新型罪犯之所以值得討論，是因為單單「思考的缺乏」及「拒絕判斷」，就足以使一個正常人犯下滔天大罪。❶鄂蘭此書最大的重點就在於指出，批判性思考及判斷能力的喪失可以讓一個無獸性的人做出無數的獸行。

此書的重點於是在突顯「判斷能力的重要性」，這是為何在討論艾希曼的例子時，鄂蘭使用了「罪惡的平庸性」(banality of evil) 的終極理由：

> 我在反省「艾希曼的耶路撒冷審判」此事件時曾經談及「罪惡的

平庸性」，也指出這並非是一種理論或學說，而是明白的眼前事實：如果我們認真地去追蹤這些滔天大罪的跡象或根源，那麼我們會發現：這些跡象所顯示的並非當事者特別的邪惡癖性或病態特質，或者是意識型態上的偏執，反而是這些當事人之個人素質可能是非常平庸的。不論行徑有多麼罪惡，當事者並非是洪水猛獸。（……）艾希曼並非愚笨無知，而是他真的無法有能力思考。（LM, 3-4）

滔天大罪不來自於獸性，而來自於無法思考

尤令坐在陪審席的鄂蘭吃驚的是，艾希曼幾乎無法表達自己的意見與想法，無法區分對與錯、黑與白。他無法區分現實的與非現實的，只會重複希特勒的政治宣傳和種種的意識型態口號，連艾希曼上刑場的最後一刻，他還是在機械式地重複一些官方說法及行政語言。他完全無法

有「另一種」的思考方式，也就是說，他完全無法從「他人」的角度來考量事情。

對鄂蘭而言，艾希曼所沒有的正是「思考」的能力，他象徵了納粹「打造新人類」的神話下是一種將人類「去人性化」的工程。人若完全喪失了思考與判斷的能力，他們就無法進行任何具有意義的實踐活動，這不啻代表著現代性大眾社會下有著無數像艾希曼的人，他們被剝奪人的「創新性」以及藉由行動所展現的「不可預測性」。

而值得一提的是，事實上，鄂蘭此處觀點上受到了劇作家布萊希特（Bertolt Brecht）一段諷刺性文字的影響。布萊希特想傳達的意思為，犯下一件大罪的人只是讓這件大罪發生的人，不必然代表他是個偉大的罪犯，希特勒失敗了不代表他是笨蛋，但他能達到如此規範的罪行，也不代表他是某種偉人或不尋常人物。鄂蘭因此在一次訪談中強調了這樣的觀點，並指出：「無論他做了什麼，還有雖然他屠殺了六百萬人，希特勒永遠只是一個小丑。」

此書另一項爭議是將此命題詮釋成：既然邪惡是平庸的，既然我們都是平凡人，所以「在我們每個人的心裡都住著一個艾希曼」。鄂蘭難以苟同這樣的說法，她真正反對和擔心的是在現代性大眾社會中存在著一種強大的趨勢，個人逐漸失去了思考及判斷能力。這是為何在鄂蘭最後一本書《心靈生活》中，鄂蘭關注的問題在於澄清什麼是「思考」、什麼是「判斷」，這也是我們接下來必須要介紹的兩個重要觀念。

◆對邪惡平庸性的反制：思考

鄂蘭生命的最後五年裡，她著手於《心靈生活》這本書的寫作。這本書分為三大部分，第一部分及第二部分為「思考」及「意志」，而最後的「判斷」鄂蘭從未完成，但留下相當重要的段落。我們在接下來的兩個小節中只會說明鄂蘭關於「思考」及「判斷」的論述，而省略過於哲學討論的「意志」部分。這兩個觀念，能幫助我們更好、更深刻地了解「邪惡平庸性」的主張，以及到底艾希曼是缺乏了什麼才導致他犯下如此大罪。

鄂蘭認為思考並不是一種「認知」活動，藉由邏輯與經驗的歸納及演繹來建立知識。相反地，對她而言，思想的一個基本面向是從人間世中「撤離」（detachment）出來，以另一種後設的觀點去思索日常生活的慣習及社會主流價值的有效性；也就是說，思想主要在於「鬆動」既有價值而不在於建立任何具體及實質的知識或命題。從這個角度，思想較像是一種「能力」而與特定「內容」無關，它好似一股將所有確定性「不確定化」的動能。簡言之，思考的第一特徵就是去想想看：平常我們所相信的，是不是值得相信？

思考如同自我詰問

為了傳達她對思想的理解，鄂蘭特別強調蘇格拉底的重要性。她不無爭議地主張蘇格拉底不是一位「哲學家」，更不是一位「職業哲學家」（Denker von Gewerbe），而是一位真正的「思想家」。因為蘇格拉底自認是一隻「牛虻」，不忘時時刺激已經完全融入日常慣習及主流價值的希臘公民；他也自比於「助產士」，以催生、接生內在於每個人中的思考能力。因此鄂蘭認為思想並不必然會出產具有危險內容的理論，然而思想的本質就是危險的，它具有顛覆和摧毀社會穩定結構的功能。換言之，思想不會另立新價值，也無法證明被認為是「善」的價值，也不會肯定既有的行為規範，而是不斷地拆解它們，因為思考是一種自我否定的力量。

更詳細地說，鄂蘭引用柏拉圖《高爾吉亞篇》對話錄指出，對蘇格拉底來說，最壞的事情就是自己與自己相處時發現自己與自己作對，也就是自相矛盾（474b）。鄂蘭藉由這樣的說法為思考釐出一個重要的定義：思想是一種自我與自我孤獨而寂靜的對話，思想好比自己問自己：「我的所作所為是對的嗎？」

事實上，在思想中，自我呈現一種「自我分裂」的狀況中，而在思想裡頭，自我的良知永遠在觀察著另一部分自我的所作所為。這是為何蘇格拉底會說寧願承受不義也不願為惡，因為對良知來說，永遠沒有可以被隱瞞的罪行，蘇格拉底的良知總能看得到蘇格拉底的所作所為，我永遠是我自己及自己言行的見證者。沒有人願意和殺人犯相處，殺人犯也是，因為殺人者不願也不敢孤獨地面對自己。

思想幫助我們與自己和解

思想的目的正在於結束這種分裂自我的狀況，讓自己與自己處於和合的狀態。只有在這裡，思考才有驅逐「惡」的能力及可能性。

此處引用蔡英文教授的一段文字，將有助讀者理解鄂蘭意義下的思考：

> 個人的言行除了有他人的評斷之外，更重要的是，任何一個人永遠有一位唯有自己可見的審問者，作為個人言行的最後裁判。因

此，當我們停止了日常繁忙的事務，回自己的「家宅」，而靜觀自己時，這位思考的「伙伴」就側身在旁，審問明辯你個人言行的意義與真實。當你犯下不良言行時，儘管在犯錯的場合沒有旁人，可是你無法擺脫自我的這位思考「伙伴」的審問。這時候，這分裂為二的我彼此之間因對立，而無法相安共處，而滋生「有愧」、「悔恨」的道德意義。鄂蘭對「良知」之作用的闡釋，若能夠成立的話，必須預設人之自我對話這種分裂必須恢復和諧，才可能有整全的人格。人的自我不可能長期生活於自我的相對立，以及相互仇視的處境，這種對立仇恨終究必須獲得調節。[2]

鄂蘭對思想的反省，事實上在重建理論與實踐的互動關係。鄂蘭對「思想」的詮釋存有某種折衷性，她並沒有給予思想過高的地位，對她而言，思想有兩種造成危險的方式，其一是「過度的思想」，其二是「思想的缺乏」。「過」與「不及」都是一種危險：「過」的危險主要表現在哲學家和西方形上學傳統，思想成為一種從人世間抽離而完全蔑視人類共同世界的活動，職業哲學家把自己關在思想的象牙塔中自說自話，忽視了世間及人類多元性的事實；「不足」的危險表現在一般人與群眾社會之中，個人完全被社會的主流價值及生產體系所同化，無法反省自己的存有，鄂蘭從艾希曼這號平庸的納粹頭子身上看到，為惡者常常不是真正的壞人，而是完全無法自我反省的人。思想因此可以在一個混亂失序或價值顛倒的社會中保持良知的清醒，讓人不會隨波逐流地盲從，這點正是艾希曼的失敗所在。

鄂蘭則僅認為思想可以與「判斷」相連結，但不相等同。蘇格拉底的言行思想也不被鄂蘭視為真正的政治行動，畢竟「思想」帶我們到「判斷」的大門前，唯有判斷才是最具政治意義的人類官能。

◆對邪惡平庸性的反制：判斷

「思考」與「判斷」都有一種刻意的「撤離」的成分，將自己跟社會習俗或人云亦云者保持距離。但「判斷」所要保持的自我撤離姿態倒不是要跟人世間一刀兩斷，相反地，這種撤離是為了更好地再進入共同世界以作出具體的判斷。

其次，「從他人的立場來思考同一議題」可謂「判斷」能力的重要構成部分。也就是說，不同於「思考」與「意志」，判斷能走出自我的框架，從「獨我」轉向「他人」開放，這是一種「廣大心靈」式的開放，恰為艾希曼所完全缺乏的能力。

由此判斷必然包括了「他人」及與他人共享的「共同世界」，這是為何鄂蘭特別強調判斷的政治性所在。讓我們來看看鄂蘭自己是怎麼說的：

> 判斷能力是一種特殊的政治能力，換句話說，完全是在康德所指涉的意義，這是一種能夠不只從自身，還可以從所有剛好在場的人的觀點（perspective of all those who happen to be present）來看事情的能力，這樣的判斷可以讓人們在公共領域或共同世界中為他找到自己的位置，這種能力甚至可以說是作為一個政治性存有的人（man as a political being）的基本能力……過去希臘人稱這種能力為實踐智慧（phorónçsis）或洞見（insight），而且他們認為，不同於哲學家的智慧，它是政治家的主要德性與優異表現。……判斷是一個重要（即使不是最重要）的活動，在其中將呈現出與他人共享世界的特性（sharing-the-world-with-others）。（BPF, 218）

鄂蘭要強調的是，判斷雖是個人性的，但判斷者能夠考量在場和不在場的他人及其論點：

政治性的思考是再現式的（Political thought is reprensentive）……在考量一個特定議題的時候，我愈能去想像當我站在他們位置上時我會如何地感受與思考，我的再現式思考（representative thinking）的能力也會愈強，我的結論及我的意見也會更為有效（是這種能夠「擴大心靈」（enlarged mentality）的能力使人可以進行判斷）。（BPF, 237）

理解他人想法、尋求普遍性溝通是判斷的基礎

鄂蘭的判斷理論，是基於對康德第三批判的重新詮釋。她指出，康德在第二批判《實踐理性批判》中所強調的理性，與自己的一致性，也就是上述的「理性只服從自己、理性的自律表現在理性只服從自己所立的法則」，在第三批判中被認為是不足的，理性思考還必須能夠「從他人的立場去思考」，這就是康德所說的「廣大心靈」（eine erweiterte

Denkungsart/mentalité élargie）。[3]此能稱作是一種擴展式的思維方式（enlargement of mind），我們應該也可以過渡到他人的立場，從而達致更寬闊的觀點。

判斷之所以重要，是它實現且尊重了「多元性」和「共同世界」的兩個人類條件，因對鄂蘭來說，判斷的有效性取決於它的「可溝通性」，即與他人在公領域中進行理性言說。

判斷必須被他人理解和共享，因此它具有一種追求「普遍性」的精神。然而它不是基於真理的強制性或任何先決的教條，而是判斷者能顧及其他在場者的說法，能納入其他也在作判斷的人之立場與觀點。這種擴展式的思考方式，要求將自己從私人立場及自利角度中解放出來，追求一種大家都能理解、共享和認同的判斷內容，也就是說，判斷的個人主觀性愈少，就愈容易與他人溝通並說服他人，自己的觀點將會更為周延，不致流於武斷。我們可以理解到，因為鄂蘭的政治觀強調平等公民的集體行動以及理性溝通的相互討論，判斷既能顧及求秀異的個人表現，也能考量他人的意見和說法，因而被鄂蘭認為是一種「最具代表性的政治感」。

判斷即是一種表述，代表著判斷者不但保有自己的個人獨特性，也能了解及考慮其他人的想法立場。判斷既保有個人獨特性，亦同時兼顧他人立場。判斷是一種可以不只從個人觀點，也可以從所有在場者立場出發而來的一種思考與表述，因為人是一種與他人共存的政治性存有，所以需要判斷能力，是它使得人類可以在公共領域中指導彼此如何與他人共存和行動。

結語

最後，我們也可以看出，艾希曼完全無法有任何「廣大心靈」的成分，因為他從頭到尾無法跳開自己的個人世界，他人及他人的想法完全無法進入他的生命中，導致了平庸的艾希曼犯下如此極端的罪行。一個無法思考和判斷的個人，自然缺乏了任何進行政治行動的可能性。

總結此書，法國思想家托克維爾筆下這句「在一個嶄新的世界裡，我們需要一門新的政治學」，帶領了我們走過一趟參訪鄂蘭思想之旅。我們可以說，在這個鄂蘭所期待的新世界裡頭，政治行動及公領域中的溝通說服將是這門新政治學的理論重心。而欲建構這樣的新時代，我們需要去面對極權主義所揭露的種種問題，如對個人自由的殘害、傳統政治哲學的理論缺陷、判斷能力的普遍性衰落等等，諸如此類都是一門新的政治學所必須要去解釋和解決的。鄂蘭的嘗試留給了我們許多的線索。站在巨人的肩上，我們必須能走得更遠，她所思索過的問題，是所有當代人所必須面對的挑戰。

延伸閱讀

Seyla Benhabib, *The Reluctant Modernism of Hannah Arendt* (London: SAGE, 1996).

Geroge Kateb, *Hannah Arendt: Politics, Conscience, Evil* (Oxford: Martin Roberson Company, 1984).

Hannah Patkin, *The Attack of the Blob: Hannah Arendt's Concept of the Social* (Chicago: Chicago University Press, 1998).

Jean-Claude Poizat, *Hannah Arendt, une introduction* (Paris: Pocket, 2003).

注釋

第一章

❶ 讀者須知道的是，在台灣皆將Arendt翻成鄂蘭，但在對岸的簡體字世界中則是翻成「阿倫特」。

❷ 由於鄂蘭的原文並不難懂，但許多重要的文句很難以中文傳神地表達，因此我選擇在注腳上附上原文，建議讀者可以參考，會更快、更直接地掌握原文原意。

❸ 它來自二〇一三年一個英國人的創舉，原名為The Real Junk Food Project，現在全球有超過一百家以上的同樣餐廳。另外有一紀錄片*Just eat it*（二〇一四，導演為Grant Baldwin）也同樣在處理食物浪費的問題，關於一對加拿大夫妻決定做一個生命實驗：在六個月中只靠利用在垃圾桶中找到，或被丟棄的食物過活。有興趣者請參考www.foodwastemovie.com。在台灣也有同樣的現象，例如在二〇一六年五月七日的聯合新聞網有這樣的報導：〈量販超市剩食一年倒掉四十億 可讓三十四萬孩子吃整年〉，記者陳雨鑫、洪欣慈提到：「台灣每年剩餘食品量驚人，衛福部食藥署推估，全國便利商店、量販店、超級市場等店家每年過期的廢棄食品高達三萬六千多公噸；主婦聯盟環境保護基金會則從業者回覆剩食情況推估，台灣超市和量販店每年丟棄近四十億元剩食，換算成營養午餐餐費，可以讓三十四萬名弱勢學童吃一整年。」

第二章

❶ 原文如下：Various attemps to find theoretical foundations and pratical ways for an escape from politics altogether.

第三章

❶ 這是為何鄂蘭批評柏拉圖在《理想國》的政治計畫中試圖廢除私有財產，把政治領域擴張到要摧毀私人領域的程度的主張（HC, 29-30）。

❷ 原文如下：it embraces and controls all members of a given community equally and with equal strength.

❸ 任何一個國家想要進行統治都需要縝密的統計學，我們在字根中很容易看到統計學（statistics）與國家（state）的關連，我們也很容易可以理解，每一個具有創新能力的個體只被視為是一個個無名的統計數字，個人只是一個被管理的客體。

❹ 原文如下：The presence of others...will always greatly intensify and enrich the whole scale of subjective emotions and private feelings.

第四章

❶ 原文如下：men distinguish themselves instead of being merely distinct.

❷ 原文如下：living as a distinct and unique being among equals.

❸ 「大寫」是相對於現實且具有複數形式的「小寫」而言。鄂蘭想強調的是，政治關心的不是單一的人性本質，而是實存世界中各不相同的眾多個體。

❹ 原文如下：everything was decided through words and persuasion and not through force and violence.

❺ 江宜樺，〈西方政治概念之分析〉，《政治與社會哲學評論》，第十二期，二〇〇五，頁四九。

❻ 同前注，頁二四—二五。

❼ 蔡英文，《政治實踐與公共空間——漢娜・鄂蘭的政治思想》（台北：聯經，二〇〇二），頁七七。

第五章

❶ 鄂蘭對此的批評請參考HC, 204-205。

❷ 蕭高彥，《西方共和主義思想史論》（台北：聯經，二〇一三），頁三—四。

❸ 筆者在此想提醒讀者，自由主義與共和主義都是一種龐大又複雜的思想傳統，它們內部都有十分豐富及多層次的理論可能性，也端看我們以何種視角來討論它們，我們不能簡單地以樂觀主義及悲觀主義的二分來區分它們；雖然本文提及了自由主義有悲觀主義的人類學立場，因而導致了權力分立的制度設計，但從其他的角度，自由主義如學者約翰・格雷所說的也是一種樂觀主義。筆者想指出，自由主義對人類運用理性及改善人類運用理性的能力持樂觀態度，如哲儒康德就是最明顯的例子；此外，自由主義者不但相信政治制度可以有大幅度的改善空間，也認為只要給予個人自由，個人會找到及打造自己的美善生活，從這個角度，我們也可以用樂觀主義形容自由主義。然而大致而言，自由主義這種樂觀主義是建立在個人主義的基礎上，並相對地侷限於個人的私領域。也因如此，這樣的人性樂觀主義對公共領域或政治權威會持警戒、懷疑的態度，畢竟強大的公權力有侵犯個人權利的可能性，更重要的是，它無法替代個人運用自己的理性以尋求適合自己的幸福生活。

❹ 鄂蘭特別引羅馬人的例子說明，對他們而言，「生存」（to live）與「與他人共在」（to be among men）（inter homines esse）是同義詞，而「死亡」意謂「停止與他人同在」（HC, 7-8）。

第六章

❶ 原文如下：Action alone is the exclusive prerogative of man; neither a beast nor a god is capable of it.

❷ 原文如下：leveling all human activities to the common denominator of securing the necessities of life.

第七章

❶ 原文如下：the public realm itself, the polis, was permeated by a fiercely agonal spirit, where everybody had constantly to distinguish himself from all others, to show through unique deeds or achievement that he was the best of all.

❷ 原文如下：In acting and speaking, men show who they are, reveal actively their unique personal identities and thus make their appearance in the human world.

❸ 原文如下：being unable to undo what one has done though one did not, and could not, have known what he was doing.

❹ 原文如下：Only through this constant mutual release from what they do can men remain free agents, only by constant willingness to change their minds and start again can they be trusted with so great a power as that to begin something new.

❺ 原文如下：impossibility of foretelling the consequences of an act within a community of equals where everbody has the same capacity to act.

第八章

❶ 原文如下：The appearance of freedom（...）coincides with the performing act. Men are free（...）as long as they act, neither before nor after；for to be free and to act are the same.

❷ A. Wellmer, "Arendt on revolution", in *The Cambridge Companion to Hannah Arendt*, ed., Dana Villa（Cambridge: Cambridge University Press, 2000）, p. 223.

第九章

❶ 原文如下：power springs up between men when they act together and vanishes the moments they disperse.

❷ 原文如下：power can be divided without decreasing it, and the interplay of powers with their checks and balances is even liable to generate more power.

❸ 蔡英文，前引書，頁二〇四。

❹ 原文如下：a mere advice, needing nither the form of command nor external coercion to make itself heard.

第十章

❶ 鄂蘭此書引起非常大的爭議，第一個就是她的「艾希曼的正常性或平庸性」，也就是說艾希曼沒有任何的凶性，許多人認為這是為艾希曼脫責的一種說法。另一個更

大的爭議是「猶太人在納粹罪行中的責任」，鄂蘭認為猶太人藉由「猶太委員會」這樣的組織直接參與屠殺自己同胞的罪行。鄂蘭之所以被千夫所指的原因之一在於，許多猶太人的敵人都把鄂蘭的書用作武器以傳達一種想法：「連作為猶太人的鄂蘭都寫書說明，屠殺猶太人的真凶是猶太人自己。」而鄂蘭在關於此議題的書寫風格和歷史細節上的錯誤也讓她飽受批評，甚至不少長年好友都因此離她遠去。

❷ 蔡英文，前引書，頁一七一。

❸ 請參考康德《第三批判》的第四十節。

著作及引用書目

QP——《什麼是政治？》（法文版）*Qu'est-ce que la politique ?* tr. Sylvie Courtine-Denamy（Paris: Seuil, 1995）

BPF——《在過去和未來之間》*Between Past and Future*（New York: Penguin Classics, 2006）

HC——《人的條件》（商周出版，二〇一六）*The Human Condition*（Chicago: The University of Chicago Press, 1958）

LM——《心智生命》（立緒，二〇〇七）*The Life of the Mind*（New York: Harcourt, Brace Jovanovich, 1978）

《集權主義的起源》（左岸文化，二〇〇九）*The Origins of Totalitarianism*（New York: Harcourt, Brace Jovanovich, 1951）

《平凡的邪惡：艾希曼耶路撒冷大審紀實》（玉山社，二〇一三）
Eichmann in Jerusalm: a Reporter on the Banality of Evil（New York: Viking Press, 1963）

《論革命》*On Revolution*（New York: Viking Press, 1963）

參考資料

中文

蔡英文，《政治實踐與公共空間——漢娜·鄂蘭的政治思想》（台北：聯經，二〇〇二年）。

《阿倫特手冊：生平·著作·影響》，王旭、寇瑛譯（北京：社會科學文獻出版社，二〇一五年）。

張灝，《幽暗意識與民主傳統》（台北：聯經，一九八九年）。

蕭高彥，《西方共和主義思想史論》（台北：聯經，二〇一三年）。

江宜樺，〈西方政治概念之分析〉，《政治與社會哲學評論》，第十二期，二〇〇五年。

——〈漢娜鄂蘭論政治參與與民主〉，收錄於《民主理論：古典與現代》，張福建、蘇文流編（台北：中央研究院，一九九五年），頁一二三—一五一。

——〈政治之美感化：對漢娜・鄂蘭之政治理論的一種闡釋〉（Politics Aestheticizied: An Interpretation of Hannah Arendt's Theory of Political Action），《人文及社會科學集刊》（台北：中央研究院，一九九三年），第六卷，第一期。

——〈政治是什麼？試析亞里斯多德的觀點〉，《台灣社會研究季刊》，台北，第十九期，頁一六五—一九四。

外文

Albrecht Wellmer, "*Arendt on revolution*," in *The Cambridge Companion to Hannah Arendt*, ed. By Dana Villa (New York: Cambridge University Press).

Margarete Canovan, *Hannah Arendt: A Reinterpretation of Her Political Thought* (London: Cambridge University Press, 1992).

——*The Political Thought of Hannah Arendt* (London: J.M. Dent, 1974).

Wings
漢娜·鄂蘭

2018年12月初版　　定價：新臺幣290元
2023年7月初版第三刷

著　　者	李 建 漳
叢書編輯	黃 淑 真
特約編輯	林 碧 瑩
校　　對	吳 美 滿
內文排版	林 婕 瀅
封面設計	兒　日

出版者	聯經出版事業股份有限公司
地址	新北市汐止區大同路一段369號1樓
叢書編輯電話	(02)86925588轉5322
台北聯經書房	台北市新生南路三段94號
電話	(02)23620308
郵政劃撥帳戶第	0100559-3號
郵撥電話	(02)23620308
印刷者	世和印製企業有限公司
總經銷	聯合發行股份有限公司
發行所	新北市新店區寶橋路235巷6弄6號2樓
電話	(02)29178022

副總編輯	陳 逸 華
總編輯	涂 豐 恩
總經理	陳 芝 宇
社長	羅 國 俊
發行人	林 載 爵

行政院新聞局出版事業登記證局版臺業字第0130號

本書如有缺頁，破損，倒裝請寄回台北聯經書房更換。　ISBN 978-957-08-5224-0 (平裝)
電子信箱：linking@udngroup.com

國家圖書館出版品預行編目資料

漢娜．鄂蘭/李建漳著．初版．新北市．聯經．2018年
12月（民107年）．224面．14×21公分（Wings）
ISBN 978-957-08-5224-0（平裝）
[2023年7月初版第三刷]

1.鄂蘭（Arendt, Hannah, 1906-1975）
2.學術思想 3.經濟思想

570.9408 107019910